조선시대
양반의
부부 생활과 이혼

KB013360

조선시대
양반의
부부 생활과 이혼

초판 1쇄 인쇄 2023년 11월 13일
초판 1쇄 발행 2023년 11월 20일

—

기 획 한국국학진흥원
지은이 박 경
펴낸이 이방원
책임편집 조성규   **책임디자인** 박혜옥
마케팅 최성수 · 김 준   **경영지원** 이병은

—

펴낸곳 세창출판사
신고번호 제1990−000013호   **주소** 03736 서울특별시 서대문구 경기대로 58 경기빌딩 602호
전화 02−723−8660   팩스 02−720−4579   **이메일** edit@sechangpub.co.kr   **홈페이지** http://www.sechangpub.co
블로그 blog.naver.com/scpc1992   페이스북 fb.me/Sechangofficial   **인스타그램** @sechang_official

—

ISBN   979−11−6684−273−3   94910
       979−11−6684−259−7   (세트)

© 한국국학진흥원 연구사업팀, 문화체육관광부

한국국학진흥원 전통생활사총서 14

조선시대 양반의 부부 생활과 이혼

박 경 지음
한국국학진흥원 기획

세창출판사

책머리에

한국국학진흥원에서는 2022년부터 문화체육관광부의 지원으로 전통생활사총서 사업을 기획하였다. 매년 생활사 전문 연구진 20명을 섭외하여 총서를 간행하기로 했다. 올해 나온 20권의 본 총서가 그 성과이다. 우리 전통시대의 생활문화를 대중에 널리 알리고 공유하기 위한 여정이 시작된 것이다.

한국국학진흥원은 국내에서 가장 많은 민간기록물을 소장하고 있는 기관으로, 그 수는 총 62만 점에 이른다. 대표적인 민간기록물로 일기와 고문서가 있다. 일기는 당시 사람들의 일상을 세밀하게 이해할 수 있는 생활사의 핵심 자료이다. 고문서는 당시 사람들의 경제 활동이나 공동체 운영 등 사회경제상을 이해할 수 있는 자료이다.

한국의 역사는 『조선왕조실록』이나 『승정원일기』와 같이 세계적으로 자랑할 만한 국가기록물의 존재로 인해 중앙을 중심으로 이해되어 왔다. 반면 민간의 일상생활에 대한 이해나 연구는 관심을 덜 받았다. 다행히 한국국학진흥원은 일찍부터 민간에 소장되어 소실 위기에 처한 자료들을 수집하고 보존처리를 통해 관리해 왔다. 또한 이들 자료를 번역하고 연구하여 대중에 공개했다. 그리고 이러한 민간기록물을 활용하고 일반에 기여할 수 있는 방법으로 '전통시대 생활상'을 대중서로 집필하는 방식을 통해 생생하게 재현하여 전달하고자 했다. 일반인이 쉽게 읽을 수 있는 교양학술총서를 간행한 이유이다.

총서 간행을 위해 일찍부터 생활사의 세부 주제를 발굴하는 전문가 자문회의를 개최하고, 전통시대 한국의 생활문화를 가장 잘 구현할 수 있는 핵심 키워드를 선정하였다. 전통생활사 분류는 인간의 생활을 규정하는 기본 분류인 정치·경제·사회·문화로 지정하였다. 이를 기반으로 매년 각 분야에서 핵심적인 키워드를 선정하여 집필 주제를 정했다. 금번 총서의 키워드는 정치는 '관직생활', 경제는 '농업과 가계경영', 사회는 '가족과 공동체 생활', 문화는 '유람과 여행'이다.

분야마다 5명의 집필진을 해당 어젠다의 전공자로 구성하였다. 서술은 최대한 이야기체 형식으로 다양한 사례를 풍부하게 녹여 달라고 요청하였다. 특히 어디서나 간단히 들고 다니며 읽을 수 있도록 쉽게 서술해 줄 것을 부탁하였다. 그러면서도 본 총서는 전문연구자가 집필했기에 전문성 역시 담보할 수 있다.

물론 전문적인 서술로 대중을 만족시키기는 매우 어렵다. 그래서 원고 의뢰 이후 5월과 8월에는 각 분야의 전공자를 토론자로 초청하여 2차례의 포럼을 진행하였다. 11월에는 완성된 초고를 바탕으로 1박 2일에 걸친 대규모 학술대회를 개최하였다. 포럼과 학술대회를 바탕으로 원고의 방향과 내용을 점검하는 시간을 가졌다. 원고 수합 이후에는 책마다 전문가 3인의 심사의견을 받았다. 2023년에는 출판사를 선정하여 수차례의 교정과 교열을 진행했다. 책이 나오기까지 꼬박 2년의 기간이었다. 짧다면 짧은 기간이다. 그러나 2년의 응축된 시간 동안 꾸준히 검토 과정을 거쳤고, 토론과 교정을 진행하며 원고의 완성도를 높이기 위해 분주히 노력했다.

전통생활사총서는 국내에서 간행하는 생활사총서로는 가장 방대한 규모이다. 국내에서 전통생활사를 연구하는 학자 대부분을 포함하였다. 2022년도 한 해의 관계자만 연인원 132명에 달하는 명실공히 국내 최대 규모의 생활사 프로젝트이다.

1990년대 이후 폭발적으로 증가했던 일상생활사와 미시사 연구는 근래에는 학계의 관심이 소홀해진 상황이다. 본 총서의 발간이 생활사 연구에 다시 활력을 불어넣는 계기가 되기를 기대한다. 연구의 활성화는 연구자의 양적 증가로 이어지고, 연구의 질적 향상 또한 이끌 것이다. 그렇게 된다면 전통문화에 대한 대중들의 관심 역시 증가할 것으로 기대된다.

본 총서는 한국국학진흥원의 연구 역량을 집적하고 이를 대중에게 소개하기 위해 기획된 대표적인 사업의 하나이다. 참여한 연구자의 대다수가 전통시내 전공사이며, 앞으로 수년간 지속적인 간행을 준비하고 있다. 올해에도 20명의 새로운 집필자가 각 어젠다를 중심으로 집필에 들어갔고, 내년에 또 20권의 책이 간행될 예정이다. 앞으로 계획된 총서만 80권에 달하며, 여건이 허락되는 한 지속할 예정이다.

대규모 생활사총서 사업을 지원해 준 문화체육관광부에 감사하며, 본 기획이 가능하게 된 것은 한국국학진흥원에 자료를 기탁해 준 분들 덕분이다. 이 자리를 빌려 그분들께 다시 한번 감사드린다. 아울러 총서 간행에 참여한 집필자, 토론자, 자문위원 등 연구자분들께도 감사 인사를 전한다. 책의 편집을 책임진 세창출판사에도 감사드린다. 이 모든 과정은 한국국학진흥원 여러 구성원의 노력이 있었기에 가능했다.

2023년 11월
한국국학진흥원 연구사업팀

차례

1704년(숙종 30) 즈음 유정기는 혼인에 관한 일을 관장하던 관서인 예조에 청원하여 처 신태영과의 이혼을 허락받고자 했다. 이 청원이 받아들여지지 않자 유정기의 친족 50여 명이 연명하여 다시 예조에 청원했지만 이 두 번째 청원도 받아들여지지 않았다. 그러자 유정기는 왕의 능행길에 상언을 올려 왕에게 직접 호소했다. 이렇게 그는 처의 허물을 들어 세 번이나 관에 이혼시켜 주기를 청원했지만 허락받지 못했다.

조선시대 사람들은 사적으로 처를 버려 혼인 관계를 해소하기도 했지만 관원들이나 관원이 되고자 하는 사람들은 함부로 처를 버릴 수 없었다. 사헌부에서 이유 없이 처를 버렸다는 사실을 인지하게 되면 처벌받을 수 있었고, 관직 진출에 장애가 될 수도 있었다. 처를 버린 행위 때문에 발생할 불이익을 염려한 사람들은 관에서 이혼을 허락받아 공식적으로 이를 인증받고자 했다. 그러나 유정기의 사례에서처럼 이는 쉽지 않았다.

이처럼 조선 정부에서 이혼을 쉽게 허락해 주지 않았던 배경 및 실상과 이혼 정책의 시기별 운용 방식의 변화, 이에 따라 달라지는 개인의 삶이 이 책을 통해 조명하고자 하는 내용들이다.

부부 생활과 이혼은 부부 사이의 문제이지만 사회 통념과 국가의 개입에 의해 규제되기도 한다. 오늘날 결혼에 따른 법적 지위와 권한을 온전히 얻기 위해서는 혼인 신고를 해야 하며, 사법기관과 행정기관을 거쳐야 이혼이 성립된다. 협의 이혼 시에는 사법기관에서 이혼 사실을 확인받은 후 행정기관에 신고해야 한다. 또 이혼이 합의되지 않고 분쟁이 발생했을 때에는 사법기관에서 이를 조정하고 판결을 하며, 최종적으로 행정기관에 신고해야 이혼이 성립된다.

조선시대에는 혼인하거나 이혼할 때 신고하는 절차가 없었다. 그러나 부부 관계와 이혼에 관한 법들이 제정되었고, 관에서는 이를 적용하고 집행하는 과정을 포함한 여러 행정 조치들을 통해 양반층의 부부 관계에 개입했다. 부부의 의를 지키도록 하기 위해 남성의 중혼重婚을 금지하고 처벌했으며, 처를 버려도 처벌했다. 또한 국가에서 기처棄妻를 승인하여 이혼을 허락하는 것을 최소화하고자 했다. 여성에게는 개가를 규제했으며, 처가 남편에게 이혼을 요구할 수 없었다. 이러한 정책들을 시행하는 가운데 남편 측과 처 측 사이에 분쟁이 벌어지면 관에서는 오늘날과 마찬가지로 조정하고 판결하는 역할을 하기도 했다.

부부 관계는 사적인 영역이기 때문에 다른 사람들이 그 실상을 알기 어렵다. 그런데 이혼을 둘러싸고 분쟁이 발생하면 잠재해 있던 각종 문제들이 드러나게 된다. 또한 분쟁을 조정하고 판결하면서 부부 관계에 대한 정부기관과 지배층의 입장이 보다 분명하게 드러나기도 한다.

이 책에서는 이혼을 둘러싼 분쟁과 판결에 드러난 조선시대 부부 관계에 대해 살펴보고자 한다.

1

혼인과 이혼에 관한
정책

혼인, 부부 관계의 성립

    조선의 지배층은 남녀가 자유의사에 의해 혼인하는 것을 좋지 않은 풍속으로 여겼다. 혼인은 부모의 명에 의해 이루어져야 했고, 중매의 과정을 거쳐야 했다. 이러한 인식은 유교 이념에 의한 것으로 고려시대에 편찬된『삼국사기』,『삼국유사』의 기록에도 나타난다.『삼국사기』에 따르면 고구려 시조 동명성왕의 어머니 유화는 부여의 금와왕을 처음 만났을 때 자신의 내력에 대해 다음과 같이 이야기했다.

    "나는 하백의 딸로 이름은 유화입니다. 여러 아우들과

함께 나가 놀고 있을 때 한 남자가 나타나 천제天帝의
아들 해모수라고 하고, 웅심산 아래 압록 주변에 있는
집 안으로 나를 유인하여 사통한 후 곧바로 가서 돌아
오지 않았습니다. 그러자 부모님께서 중매도 없이 남
을 따랐다고 나를 꾸짖고 결국 우발수에 귀양 가 살게
했습니다."[1]

유화는 천제의 아들 해모수와 사통했다가 유화의 부모가 중
매 없이 남을 따랐다 하여 자신을 귀양 보내 우발수에 와 살게
되었다고 했다. 이 기록에는 남녀가 혼례 절차를 거치지 않고
야합하는 것이 비난받아야 할 일이라는 인식이 반영되어 있다.
동명성왕 신화에 언제 이러한 인식이 반영되게 되었는지는 알
수 없다. 그러나 늦어도 『삼국사기』가 편찬되기 이전에는 지식
인들 사이에 중매 등의 절차를 거쳐 혼인이 이루어져야 한다는
인식이 퍼져 있었음을 알 수 있다.

신라의 유학자 강수는 대장장이의 딸과 야합했는데, 스무
살이 되자 부모가 읍내의 여자를 중매하여 처로 삼게 하려고 했
다. 이에 강수는 아내가 있는데, 다시 혼인할 수 없다며 거절했
다. 강수의 아버지는 화를 내며, "네가 세상에 이름이 나 나라
사람 중에 모르는 이가 없는데, 미천한 자로 짝을 삼는 것이 부

끄럽지 않으냐"라고 했다. 그러자 강수는 "가난하고 천한 것은 부끄러운 것이 아닙니다. 도를 배우고 행하지 않는 것이 진실로 부끄러운 것입니다. 일찍이 옛사람의 말을 들었는데, '조강지처는 내쫓지 않고, 가난하고 천할 때 사귄 벗은 잊지 않아야 한다'라고 했으니, 천한 아내라고 해서 차마 버릴 수 없습니다"라고 했다.[2] 이렇게 신라의 대표적 유학자인 강수도 유명해지기 전에는 혼인 의례를 치르지 않고 야합하여 부부 관계를 맺었다.

중매 절차를 거쳐 혼인 의식을 치러야 한다는 인식은, 부부 관계는 중요하기 때문에 부부가 서로에게 예를 다해야 한다는 논리에서 비롯되었다. 강수는 혼인 의식은 치르지 않고 부부 관계를 맺었지만 그 아내와 끝까지 신의를 지켜 유교 이념의 본질을 지킴으로써 『삼국사기』 열전에 그 행적이 수록되고, 이후로도 칭송받았다.

6두품이자 유학자인 강수가 혼례를 치르지 않고 부부 관계를 맺은 것을 통해 당시 혼인 의례가 보편화되지 않았다는 사실도 알 수 있다. 당시 일반 백성들은 절차에 구애받지 않고 쉽고 자유롭게 부부 관계를 맺었던 것이다. 남녀가 만나고 헤어지는 것이 자유로웠던 것은 고려시대에도 마찬가지였다. 12세기 고려에 사신으로 왔던 송나라 사신 서긍이 개경에 머무르면서 편찬한 『고려도경』 민서民庶 항목에는 "남녀가 혼인하는데 가볍게 합하고 쉽게 헤어지며, 전례典禮를 따르지 않는다"고 했다.[3] 고려의 일반 백성들은 가볍게 부부 관계를 맺고 마음에 맞지 않으면 쉽게 헤어지기도 했다는 것이다.

이는 조선에서도 마찬가지였다. 16-17세기의 인물인 양인 박의훤은 네 명의 여성과 부부 관계를 맺었다가 헤어지고, 마지막으로 여배를 처로 삼아 40여 년 동안 살았다. 1602년(선조 35) 박의훤이 자식들에게 재산을 나누어 주면서 작성한 문서에는 자신이 자식들에게 분배한 증여분의 정당성을 뒷받침하는 내용이 포함되어 있다. 박의훤은 40여 년 동안 여배와 살면서 마련한 재산 등을 여배의 자식들에게 더 주고자 했다. 이를 위해 이전의 처들과 만나고 헤어졌던 과정을 기술했다.[4]

"본처 은화는 남의 남편 박언건을 잠간潛奸하여 남편으로 삼고 살다가 그대로 죽었다. 다음 처 진대는 늙은 이 몸이 젊었을 때 나를 따라와 살면서 강상이 있음에도 종과 통간通奸하여 사죄死罪에 해당하는 실행을 했다. 그 소문이 파다하게 퍼지자 영암 땅에 도주하여 떠돌다가 옥천리에 사는 박식을 길거리에서 만나 상간相奸하고 그를 따라가 살다가 곧 남편과 처가 모두 죽었다. 죽은 아들 박천석의 어미 몽지는 홍천귀를 잠간하여 자식을 많이 낳았는데, 먼저 죽자 홍천귀도 따라 죽었다. 다음 처 가질금은 늙은 이 몸이 젊어 관문을 출입할 때 화간和奸하여 처로 삼았고 멀리 읍내에서 살았다. 상간할 때 마침 딸을 낳았는데, 그 후 이 가질금이 근본이 난잡한 여인으로 대여섯 남자와 잠간하여 남편을 교체해 가며 멋대로 다니다가 일찍이 늙은 이 몸이 살던 곳을 떠나, 같은 마을에 있는 나와 함께 낳은 딸의 집에 따라가 살며, 어떤 술수인지 추호도 범접하지 못하게 했다."5

이에 따르면 네 처가 자신과 살게 된 계기와 그들이 자신을 떠나 다른 사람을 남편으로 삼게 된 계기는 '간奸', 즉 성관계였다. 박의훤은 네 번째 처인 가질금을 화간하여 처로 삼았다고 했다. '화간'은 합의하에 성관계를 가지는 것을 의미한다. 가질금은 이후에도 대여섯 사람과 '잠간', 즉 몰래 통간하여 남편을 바꾸었다. 다른 처들도 박의훤을 떠나 다른 남편을 맞게 되는 계기가 다르지 않았다. 첫째 처 은화도 박언건과 몰래 통간하여 남편으로 삼아 종신토록 함께 살았고, 두 번째 처 진대, 세 번째 처 몽지도 각각 '상간', '잠간'하여 남편을 바꾸었다. 박의훤과 그 처들의 행적을 통해 17세기 초에 조선의 일반 백성들이 고려시

대와 마찬가지로 자유롭게 통간하며 부부가 되고 헤어졌다는 사실을 알 수 있다. 이들은 마음에 맞지 않으면 다른 사람과 상간하여 남편을 바꾸었고, 마음이 맞는 사람을 만나면 종신토록 함께 살기도 했다.

유교적 사회질서를 구축하고자 했던 조선의 지배층은 부부는 인륜의 근본이라는 인식하에 『주자가례』에 의한 혼인 의식을 행하도록 장려했다. 이에 따르자면 의혼議婚, 납채納采, 납폐納幣, 친영親迎의 절차를 거쳐야 했다. 의혼은 중매인을 통해 혼인을 의논하는 단계이다. 납채는 신랑 측에서 청혼서를 보내고, 신부 측에서 허혼서를 보내는 단계이다. 조선에서는 이때 청혼서, 허혼서와 함께 사주 단자와 연길 단자가 오갔다. 신랑 측에서 신랑의 생년월일시를 적은 사주 단자를 보내면, 신부 측에서는 전안례奠雁禮 및 납폐 일자를 택일하여 적은 연길 단자를 보냈다. 연길 단자를 보내면서 동봉하는 서한에 신랑의 옷 치수를 적어 보내 달라고 하면, 신랑 측에서는 이를 적은 의양 단자를 보냈다. 납폐는 신랑 측에서 신부 측에 혼인 예물을 전하는 의식인데, 이때 함에 예물과 함께 혼서婚書를 넣어 보냈다. 마지막으로 친영은 신랑이 자신의 집에서 초례醮禮를 치르기 위해 신부 집에 가 신부를 맞아 오는 의식을 지칭하는데, 조선에서 시행되면서 의미가 변형되어 정착되었다.

혼인 의례 중 친영례親迎禮는 조선에서 가장 논쟁이 되었던 의례였다. 신랑이 신부 집에 가 신부를 맞아 오는 친영례에는 남편이 처를 배우자로서 존중한다는 의미가 담겨 있었다. "예를 갖추어 맞아 오면 처가 되고, 예를 갖추지 않고 쫓아 따르면 첩이 된다"[6]는 『예기』의 구절도 이와 궤를 같이한다. 그런데 이는 부계 중심적인 질서가 발달한 중국의 사회상이 반영된 의식이었다. 이로 인해 『예기』에서도 "남자가 친영하는 것은 남자가 여자에 앞서기 때문이니, 굳건함과 연약함 사이의 의義이다. 하늘이 땅에 앞서고, 임금이 신하에 앞서니 그 의가 한가지이다"[7]라고 했다. 반면에 조선에서는 혼인 후 처가를 혼인 생활의 근거지로 삼는 것이 일반적이었기 때문에 신랑이 신부 집에 가서 신부를 맞아 와 신랑 집에서 혼인하는 의식이 쉽게 정착되기 어려웠다.

조선시대에 혼인 의례는 부부 관계가 성립되었다는 사실을 주위에 알리는 가장 중요한 수단이었다. 또한 혼인 사실을 관에 신고하지 않았기에 납폐 때 신랑 측에서 납폐함에 넣어 신부 측에 전달했던 혼서婚書가 혼인이 성립되었다는 사실을 증명하는 가장 중요한 증거 문서가 되었다.

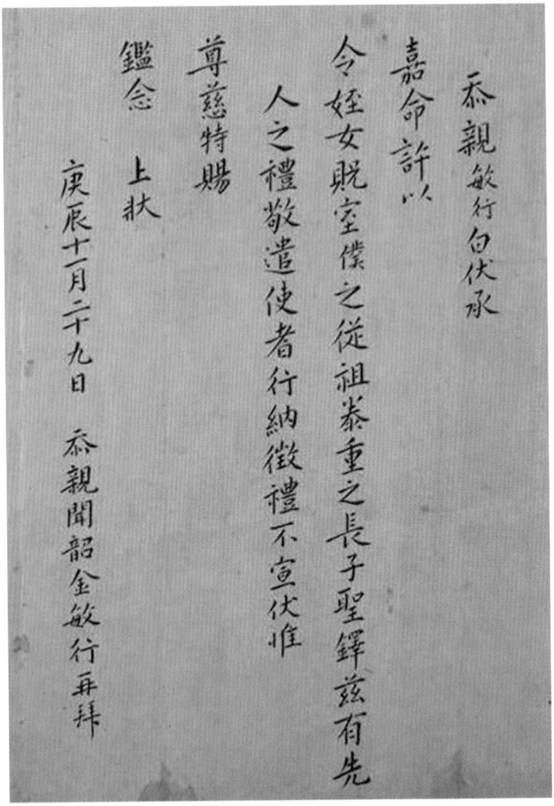
忝親 敏行白伏承
嘉命許以
令姪女旣室僕之從祖泰重之長子聖鐸玆有先
人之禮敬遣使者行納徵禮不宣伏惟
尊慈特賜
鑑念 上狀
庚辰十二月二十九日 忝親聞韶金敏行再拜

그림 1 1700년(숙종 26) 김민행 조부 김중지의 장자 김성탁 혼례 부 집에 보낸 혼서, 원소장처: 의성 산종택 / 현소장처: 한국국학진흥원

혼인 의식의 하이라이트, 친영례의 도입

친영례는 태종 대에 왕실에서 처음 시행되었다. 1407년(태종 7) 세자가 세자빈 김씨를 맞이할 때 세자빈의 집에 친영하러

갔고,[8] 성녕 대군이 성억의 딸과 혼인할 때에도 친영했다는 기록이 있다.[9] 이에 그치지 않고 1415년(태종 15)에는 예조에 친영의 예를 의논하도록 명했다. 이에 예조에서 논의하여 아뢰기까지 했지만 결국 시행되지 못했다.[10] 태종은 왕실에서 먼저 모범을 보이고, 민간에도 친영례를 시행하게 하고자 했지만 결국 민간 시행은 좌절되었던 것이다.

태종은 친영례 시행에 실패하고 나서 외조부모와 처부모 상의 휴가 기간과 복상 기간을 단축하는 법을 반포했다. 이때 예조에서 이 법의 초안을 마련하여 왕에게 올린 계문에는 고려시대에 외조부모와 처부모 상의 휴가 기간과 복상 기간이 길었던 이유가 설명되어 있다. "전 왕조의 옛 풍속에 혼인의 예는 남자가 여자의 집으로 가는 것이었고, 아들이나 손자를 낳으면 외가에서 자라 외가 친속과의 은의가 무거웠습니다"라고 한 것이 그 내용이다.[11] 고려시대에는 처가에서 혼인한 후 부부가 이곳을 중심으로 생활했다. 이에 따라 처가에서 아이들을 낳고 길렀기 때문에 이 아이들이 외가 친족과 매우 친밀했다. 예조에서는 이러한 이유 때문에 처부모와 외조부모의 상에 주어지는 휴가 기간과 복상 기간이 길었으며, 조선 건국 후에도 이러한 옛 관습이 지속되고 있다고 했다.

1464년(세조 10) 노응은, "내 눈앞에서 태어나 3살 전부터 품에 안고 길러 사랑하고 아끼는 마음이 비할 바가 없다"고 하며, 외손자 김효로에게 노비 4구를 증여했다. 노응의 딸도 다른 사람들과 마찬가지로 친정에서 아들 김효로를 낳고 길렀다. 이에 노응은 외손자가 태어나는 것을 직접 보는 기쁨과 이 아이를 양육하는 즐거움을 누릴 수 있었다. 이 과정에서 두 사람은 서로 친밀한 감정이 생기지 않을 수 없었다. 노응은 별급 문기에 이러한 마음을 표현하며 김효로에게 노비를 증여했다.

1568년(선조 1) 율곡 이이는 이조 좌랑에 제수되었는데 외조모의 병이 심하다는 소식을 듣고 관직을 버리고 강릉에 내려가 사간원의 탄핵을 받았다. 이듬해에는 홍문관 교리에 제수되자 선조에게 외조모가 양육해 준 은혜가 있다고 하며 관직에서 물러나 강릉에서 봉양하기를 청했다. 선조는 관직에 있으면서 왕래하며 뵙도록 하라고 답하고, 이조에 명하여 법조문에는 없지만 특별히 외조모를 뵙게 하라고 명했다.[12]

신사임당은 1522년(중종 17) 이원수와 혼인한 후 사임당의 친가인 강릉에 주로 거주하다 1541년(중종 36)에야 한성부로 이주했다. 그 와중에 신사임당의 다섯째 아들인 이이는 강릉에서 태어나 6살까지 그곳에서 살았다. 그가 강릉에서 거주한 기간이 길지는 않았지만 외가 친족과의 관계는 매우 돈독했다. 특히 이이가 지은 외조모 제문에는 그가 외조모에 대해 어떻게 생각하고 있었는지 잘 드러나 있다. 이 제문에서는 "내가 어렸을 때 외가에서 양육되었는데, 외조모께서 나를 어루만지고 품에 안아 길러 주셨으니, 그 은혜가 산과 강같이 무겁다. 또, 노후와 사후의 일을 맡기셨으니, 자식과 같이 보신 것이다. 명목상으로는 할머니와 손자 관계이지만 마음은 모자 관계와 같았다"[13]라고 했다. 이이는 외조모를 어머니와 같이 친밀하게 여겼기 때문에 당하관의 인사권을 가진 이조 좌랑에 제수되었을 때에도, 청요직인 홍문관 관원에 제수되었을 때에도 사직하고 강릉에 내려가 외조모를 봉양하고자 했다.

친영례는 신랑 집에서 혼인하고 그곳에서 부부 생활을 해야 한다는 전제하에 시행한 것이다. 그러나 혼인 후 처가가 부부 생활의 근거지였던 이전의 관습을 바꾸기는 어려웠다. 1425년(세종 7) 세종은 태종 대에 친영례 시행을 추진했다가 무산된 일에 대해 "혼례는 여자가 남편의 집으로 가는 것인데, 나라의 풍속이 옛 습속을 편안히 여겨 사람들이 친영을 모두 싫어한다. 이 때문에 태종이 혼례를 바르게 하고자 했지만 이루지 못하셨다"[14]라고 했다.

1434년(세종 16) 예조 판서 신상이 친영례를 행하게 하자고 건의하자 세종은 친영의 예는 매우 아름다운 것이라고 전제하면서도 우리나라에서 남자가 여자 집으로 가는 남귀여가男歸女

家의 습속이 오래되어 고치는 것이 쉽지 않다고 했다. 그리고 태종 대 친영례를 시행하려다 좌절된 이유에 대해 "태종 때 친영례를 행하고자 했지만 신료들이 이를 듣고 많이들 꺼려하여 어린아이를 맞이하여 사위로 삼기도 했으니, 그 싫어함이 이와 같아서 행하기 어려웠다"라며, 관료들마저도 친영례를 행하기 싫어했다는 사실을 언급했다.[15]

한편, 1430년(세종 12) 세종이 친영례를 행하는 것을 어렵게 여기는 이유에 대해 우대언 김종서에게 물은 적이 있었다. 그러자 김종서는 "우리나라의 풍속에 남귀여가는 그 유래가 오래되었습니다. 만약 여자를 남자 집으로 들어가 살게 한다면 그 노비, 의복, 그릇을 여자 집에서 모두 마련해야 합니다. 이 때문에 그 곤란함을 꺼리는 것입니다. 남자 집이 만약 부유하다면 신부를 대접하기 어렵지 않겠지만 가난한 경우에는 대접하기가 매우 어려우니, 남자 집에서도 이를 꺼립니다"라고 했다.[16] 친영례를 행하고서 부가夫家에서 거주하게 된다면 신부 측, 신랑 측 모두 이전에 발생하지 않았던 비용을 부담하게 되어 이를 꺼린다는 설명이었다.

세종 대에도 세자의 혼례에는 친영례를 시행했다. 1427년(세종 9) 세자가 휘빈 김씨를 맞이할 때에도 1429년(세종 11) 순빈 봉씨를 맞이할 때에도 친영례를 행했다.[17] 그러나 1430년(세종 12)

에 한성부 윤 고약해高若海, 1434년(세종 16) 예조 판서 신상이 각각 친영례의 민간 시행을 건의했을 때 세종은 오랫동안 행해져 온 혼인 풍속과 사대부들이 친영을 싫어하는 현실을 감안하여 시행을 강제하지 않았다.[18] 그 대신 왕실에서 모범을 보여 사대부들이 이를 따르게 하고자 했다.

신상이 친영례 시행을 건의한 1434년(세종 16) 4월 세종은 왕자와 왕녀에게 친영의 예를 행하도록 하겠다는 뜻을 밝히고 예조에 구체적 방안을 마련하여 보고하도록 했다. 그리고 그 5일 후에는 예조에 다음과 같이 보다 구체적인 명을 내렸다.

> "혼례는 삼강三綱의 근본이고 시작을 바르게 하는 도道이다. 그러므로 성인聖人이 대혼大婚의 예를 중히 여겨 친영의 의식을 제정했다. 그러나 본국 풍속에 남자가 여자의 집으로 들어가 사는 것(男歸女第)은 그 유래가 오래되어 사람들이 이를 편안하게 여긴다. 하루아침에 이것을 갑자기 고치도록 하면 이전 습속을 버리지 못하여 반드시 싫어하고 꺼리는 마음이 생길 것이니, 억지로 거행하게 하는 것은 옳지 않다. 지금부터 왕자, 왕녀의 혼인에는 한결같이 옛 제도를 따라 시작을 바르게 하는 도를 삼가 행할 것이다. 그 친영 의주를 옛 제

도를 참작하고 시의에 부합하게 상정詳定하여 계문하라. 혹 사대부가에서 또한 이를 행하고자 한다면 의주가 없을 수 없으니, 아울러 정하여 계문하라."[19]

세종은 혼례는 삼강의 근본이고, 시작을 바르게 하는 도라며 그 중요성을 언급하고, 이 때문에 성인이 친영 의식을 제정했다고 했다. 그러나 조선에서는 남귀여가의 오래된 습속이 있어 친영례를 강제하기 어렵다며, 우선 왕자, 왕녀의 혼인에 친영례를 시행하도록 하고, 혼례에 활용할 친영 의주를 만들어 아뢰라고 지시했다. 또한 사대부가에서 친영례를 행하고자 하는 사람들을 위한 의주도 만들어 아뢰도록 함으로써 왕실에서 모범을 보이고, 사대부들이 이를 따를 수 있도록 방향을 제시했다. 결국 이듬해인 1435년(세종 17) 정월에 왕녀가 하가下嫁할 때의 의주, 왕자가 혼례할 때의 의주, 1품에서 서인庶人까지의 혼례 의주가 마련되었는데, 이 혼례 의주 안에는 친영 의식도 포함되어 있었다.[20] 이 의주는 정리되어 『세종실록』 말미의 오례五禮 항목에 수록되었다.[21] 이로써 조선시대 왕자, 왕녀 혼례의 원형이 형성되었다.

이후 왕자와 왕녀의 혼례 시에는 친영례를 행했다. 이 의주에 의한 첫 번째 혼례는 태종의 딸인 숙신 옹주의 혼례였다. 이

혼례에 대한 『세종실록』의 기사에는 "파평군 윤평이 숙신 옹주를 친영했다. 본국의 친영은 이로부터 시작되었다"라고 했다.[22] 숙신 옹주 혼례 시의 친영이 왕실에서 처음으로 행한 친영은 아니었다. 그러나 조선 정부 차원에서 왕자, 왕녀, 사대부들의 혼례에 보편적으로 적용할 혼례 의주를 제정한 후 왕실에서 행한 첫 번째 혼례였다. 『세종실록』에서 "본국의 친영은 이로부터 시작되었다"고 한 것은 이러한 차원의 언급이었던 것으로 보인다. 또한 숙신 옹주의 혼례는 민가에 하가해야 하는 왕녀의 혼인에 친영례를 행한 첫 번째 혼인이었다.

왕실 의례에서는 친영례 본래의 모습을 반영한 의주에 따라 신랑이 신부를 신랑 집에 맞아 와 교배례交拜禮와 합근례合巹禮를 행했다. 그러나 민간에서는 『주자가례』에 따라 4례를 행한다 하더라도 전안례奠鴈禮, 교배례, 합근례, 동뢰연同牢宴을 신부 집에서 치렀다. 혼인 후 처가에서 오래 거주하는 풍속으로 인해 친영이 신랑이 신부 집에 가 신부 집에서 교배례 등을 치르는 형태로 정착된 것이다.

동뢰연을 치른 후 신랑의 집으로 가 시부모를 뵙는 현구고례見舅姑禮를 행하는 시기는 집안의 상황에 따라 달랐다. 시부모를 뵌 후 남편의 집에서 부부 생활을 할지 말지의 여부도 집안의 사정에 따라 달랐다. 조선 전기에는 종신토록 처의 친가에 부

그림 2 김홍도가 그린 친영하러 가는 모습, 소장처: 국립중앙박물관

부 생활의 근거지를 두거나, 신사임당의 사례처럼 오랜 세월 동안 처가에 거주하며 자식들을 낳아 기르다가 시가 쪽이나 제3의 장소로 옮기는 사람들이 많았다. 그러다 보니 조선 후기에 혼인 후 부가에서 거주하는 경우에도 신부 집에서 교배례, 합근례를 치르는 것이 조선의 혼인 의례로 정착되었다. 그리하여 조선에서 친영은 신랑이 신부 집에 혼인하러 가는 것을 의미하게 되었다.

배우자에 대한 의무

부부는 부자·군신 관계와 함께 삼강三綱에 해당하는 관계로, 유교 이념에서는 부모에게 효를 다하고, 임금에게 충성하며, 부부 상호 간에는 의義를 지킬 것을 요구했다. 이에 따라 조선에서 제정한 부부 관계에 관한 법들은 부부 사이에 도리를 다하도록 배려하거나 의를 지키도록 강제하는 내용이었다. 이 중 조선 사람들의 실제 삶에 큰 영향을 미쳤던 법과 정책은 다음과 같다.

첫째, 효자, 순손順孫과 더불어 남편에게 절의를 지킨 절부節婦, 처에게 절의를 지킨 의부義夫에 대해 포상했다.

이들에 대한 포상은 태조의 즉위 교서에서부터 등장한다.

즉위 교서에는 "충신, 효자, 의부, 절부는 풍속에 관계되니, 권장해야 한다. 소재 관사에서 탐문하여 찾아 왕에게 아뢰게 하여 우대하여 발탁해 등용하고, 정려하여 널리 알리라"라는 내용이 있다.[23] 건국 직후부터 유교 이념에 따라 백성들을 교화한다는 차원에서 부부 사이에 절의를 지킨 사람들을 찾아 포상했고, 이후로도 이러한 정책을 지속했다. 그런데 절부·열부烈婦는 조선왕조 내내 포상했고, 그 숫자도 많은 반면 의부를 찾아 보고하라는 명은 단종 대까지만 나타난다. 성종 대에 완성된 『경국대전』에서는 매해 예조에서 효자, 순손順孫, 절부, 나라를 위하여 목숨을 잃은 자의 자손, 친족과 화목한 자, 환란을 구한 자 등을 뽑아 왕에게 아뢰어 관직이나 물품을 상으로 하사하거나 정문을 세워 주거나 복호復戶하도록 규정했다.[24] 포상 대상에 절부는 포함되어 있지만 의부는 빠지게 된 것이다.

정문을 하사받은 절부나 열부의 절행, 열행도 시기에 따라 변화했다. 조선 초 허응의 딸 허씨는 김문의 처였는데, 17세에 남편이 사망했다. 부모가 허씨를 개가시키려고 혼처를 정하자 허씨가 아이를 업고 시가에 가서 종신토록 수절했다.[25] 1420년 (세종 2) 전국 각지에서 올라온 효자·절부·의부·순손의 행적 중에서 예조에서 선정해 올린 포상 대상에 허씨가 포함되었다. 사망한 남편의 묘 곁에 여막을 짓고 아침, 저녁으로 몸소 전奠을

그림 3 『동국신속삼강행실도』에 수록된 김문 처 허씨의 절행에 관한 삽화. 소장처: 서울대학교 규장각한국학연구원

올리며 3년상을 치렀을 뿐 아니라 지금까지 곡하며 우는 것을 그치지 않고 치장을 하지 않았다고 하여 포상 대상에 올랐고, 세종은 정려旌閭하도록 명했다.[26] 허씨는 어린 나이에 청상靑孀이 되었지만 3년 여묘살이를 하고 수절했다. 이때 함께 포상받은 절부들도 수절하며 남편에게 의를 지켰던 여성들이었다. 아직 재가를 규제하는 법이 제정되기 전이었던 이 시기에는 청상이 수절하며, 남편에게 절의를 지키는 경우 포상 대상이 되었던 것이다. 한편, 이때 포상된 41명 중 절부는 19명이었지만 의부는 포상 대상에 포함되지 않았다.

그런데 성종 대에 사대부가 여성을 대상으로 한 재가 규제법이 제정되면서 수절만으로는 포상 대상이 되지 못하게 되었다. 또한 양란 이후 처의 절의가 더욱 강조되어 극단적 형태의 절의도 칭송의 대상이 되면서 조선 후기에는 남편을 따라 스스로 목숨을 끊은 여성들이 포상 대상이 되었다. 이러한 분위기에서 여성들은 남편이 사망하면 남편을 따라 자결해야 한다는 압박감을 느끼게 되었다.

당시 사대부 중에는 남편을 따라 죽은 여성들의 절의를 칭송하면서도 자결까지 하는 것은 과도하다는 주장을 펴는 사람들도 있었다. 1713년(숙종 39) 예조 참판이었던 민진원은, "효행과 절의는 중도를 얻는 것이 중요합니다. 부모의 상에 슬픔을

이기지 못하고 죽는 것과 과부가 지나치게 슬퍼하여 망자를 따르는 것은 비록 누구나 할 수 있는 일은 아니라 하더라도 끝내 중도에서 지나치게 됨을 면치 못하니, 바로 정포旌褒를 허락하는 것은 혹 중도를 넘어선 듯합니다. 이를 마땅히 규식으로 정해야 합니다"라며 부모나 남편을 따라 죽은 사람을 포상하지 말 것을 건의하기도 했다.[27]

18세기 후반 김기화 처 조씨가 남긴 『주긔록』에는 남편이 사망했을 때 조선 후기 여성들이 느꼈던 압박감이 드러난다. 조씨는 정사 공신인 풍안군 조흡의 후손이었지만 조부가 서자라서 아버지 조감은 무과를 치러 급제했다. 시가도 무관 집안이었지만 시아버지는 관직에 오르지 못했다. 조씨는 친가와 시가 모두 무관 집안으로 현달한 집안의 여성이 아니었다. 그럼에도 남편이 위독해지자 남편을 따라 자결하기로 결심했다가 친정 아버지의 만류로 마음을 바꾸었다. 그리고 "지아비가 죽으면 아내가 함께 죽는 것이 떳떳한 의義이다. 그런데 나는 하늘을 거스르고 의를 저버려 홀로 죽어야 할 목숨을 훔쳐 살아 천년 뒤에까지 지아비와 영원히 헤어지게 되었다. 오호 통탄스럽도다. 나의 간장이 돌이나 쇠냐"라고 심경을 기술했다.[28] 조씨는 자결하지 않기로 결심하고서도 지아비가 죽으면 아내가 함께 죽는 것이 떳떳한 의라고 하면서 남편을 따라 죽지 않은 것에 대해

죽어야 할 목숨을 훔쳐 산 것이라며 한탄했다.

그 후에도 조씨는 자신의 팔을 칼로 찔러 생혈로 위독한 남편을 살리려 했으나 친정 아버지가 칼을 뺏어 실행하지 못했다.[29] 또, 염습할 때 사망한 남편을 기리고 남편을 따라 자결하지 못한 소회를 혈서로 써서 남편의 관에 넣고자 했지만 시비들이 막아 실행하지 못하고 먹으로 썼다.[30] 조씨는 자결할 결심을 하고, 자신의 생혈로 남편을 살리려고 하고, 남편의 관에 혈서를 써 넣으려 하는 등 열부전에서 볼 수 있을 만한 일들을 실행하려 했다.

또한 조씨의 친정 아버지를 비롯한 주위 사람들은 조씨가 자결할 것을 염려하여 조씨의 행동 하나하나에 노심초사했다. 이렇게 주변 사람들이 자결할까봐 노심초사하는 모습은 남편을 따라 자결한 여성의 정려를 청원한 소지들의 내용에도 기술되어 있다. 이는 주변 사람들이 여러 방법으로 자결을 막으려 했는데도 결국 자결을 감행한 여성의 의기를 돋보이게 하려는 서술이었다. 그런데 한편으로는 남편이 사망하면 그 처가 자결하지 않도록 주위에서 세세히 살펴야 할 정도로 당시 여성들이 열부가 되어야 한다는 압박감을 가지고 있었다는 것을 알려 주기도 한다.[31]

둘째, 처에게는 개가를 규제하고, 남편에게는 처가 사망하면 3년 후에 혼인하도록 규정했다.

1406년(태종 6)에는 세 번 시집가는 것을 규제하고, 1477년(성종 8)에는 재가를 규제했다. 1406년(태종 6) 대사헌 허응 등은 세 번 시집가는 것을 규제하는 법 제정을 건의하여 윤허받았다.

"부부는 인륜의 근본이므로 부인에게 삼종三從의 의리는 있어도 다시 시집가는 이치는 없습니다. 지금 사대부의 정처正妻로 남편이 사망한 자나 남편에게 버림을 받은 자가 혹은 부모가 그 뜻을 빼앗기도 하고, 혹은 몸단장을 하고 스스로 시집가기도 하여 두세 남편을 얻는 데 이르니, 절개를 잃고도 부끄러워하지 않아 풍속에 누가 됩니다. 원하건대, 대소 양반의 정처로 세 남편에게 시집간 자는 전 왕조의 법에 의하여 자녀안恣女案에 기록하여 부도婦道를 바르게 하소서."[32]

허응 등의 이러한 주청에 의해 제정된 법은 세 번 시집간 여성을 자녀안에 기록하여 그 자손의 관직 진출을 규제하는 법이었다. 부부는 인륜의 근본이므로 처가 남편에게 절의를 지켜야 한다는 것이 법 제정의 논리였다. 그런데 '삼종의 의리'가 언급된 것에서도 알 수 있듯이 처에게 요구되는 절의는 부부 양측에

동일하게 요구되는 절의에서 더 나아가 처의 남편에 대한 도리가 강조된 것이었다.

사대부 가문에서 관직 진출은 가문의 번성과 신분 및 체모 유지에 중요했다. 따라서 이 법 제정 이후 사대부 여성이 세 번 혼인하는 일이 대폭 감소했을 것임을 쉽게 짐작할 수 있다. 이 법을 대표로 발의한 대사헌 허응은 절부로 정려를 받은 김문 처 허씨의 아버지였다. 아버지로서 허응은 청상이 된 딸을 재가시키려 했지만 대사헌으로서 허응은 삼가三嫁를 규제하는 법을 건의하는 모습을 보였던 것이다. 이러한 허응의 사례는 당시 관료들의 습속에 따른 사인私人으로서의 행위와 유교 이념에 따른 공인公人으로서의 정책 발의 사이에 차이를 보여 준다.

이 법 제정 이후 여성의 삼가는 규제되었지만 재가는 이루어지고 있었다. 1477년(성종 8) 재가 규제법이 제정되기 전에는 『경국대전』에도 세 번 시집간 여성에 대해서는 실행失行한 것과 같이 취급하여 자손을 현관顯官에 제수하지 않고 과거에도 응시하지 못하게 했지만 재가한 여성에게는 봉작封爵만 금지하도록 규정되어 있었다.[33]

이러한 상황에서 1477년(성종 8) 재가 규제법 제정이 논의되었다. 전직 정승, 의정부·6조·사헌부·사간원·한성부 관원 및 돈녕부 2품 이상·충훈부 1품 이상 관원 46인이 논의에 참여했다. 이 논의에서는 32인이 재가 규제법에 반대하고, 4인이 찬성했다. 영의정 정창손 등 32인은 남편을 잃은 여성들이 의탁할 곳이 없어 경제적으로 어려워질 수 있고, 이 때문에 실절失節할 수도 있다는 등의 이유로 재가 규제법에 반대했다. 이 32인 중에는 사헌부·사간원 관원들도 포함되어 있었다. 특히 절의를 중요시하는 입장이었던 대간들마저 반대했다는 점에서 재가 규제법 제정은 무리한 시도였음을 알 수 있다. 그러나 좌참찬 임원준 등 4인은 절의를 장려하기 위해 재가를 금지하고 재가한 자를 실행한 것으로 치죄하며, 그 자손의 관직 진출을 허락하지 않아야 한다고 주장했다. 이 외에 서평군 한계회 등 10인은 자녀가 없는데 부모가 개가시킨 경우에는 재가를 허락하고, 자녀가 있는데도 재가한 경우에는 부모를 처벌하고 『경국대전』의 세 번 시집간 자를 규제하던 규정을 적용시키자는 의견을 제시했다.[34]

재가 규제에 대한 반대 의견이 압도적으로 높았음에도 불구하고 이 논의 다음 날 성종은 앞으로 재가한 여성의 자손은 사판仕版에 올리지 않도록 하라고 명했다.[35] 1477년(성종 8) 성종이 반포한 이 재가 규제법은 『경국대전』 최종본에 다음과 같이 규정되었다.

"실행한 여성 및 재가한 여성의 소생은 동반직과 서반 직에 서용하지 말고, 증손에 이르러서야 이상 각 관사 (의정부, 6조, 한성부, 사헌부, 개성부, 승정원, 장예원, 사간원, 경연, 세자 시강원, 춘추관 지제교, 종부시, 관찰사, 도사, 수령) 외의 관 직에 서용하는 것을 허락한다."[36]

이 법에서는 재가를 금지하지 않았고, 재가한 여성이나 그 부모를 처벌하도록 규정하지도 않았다. 그러나 아들과 손자의 관직 진출을 원천적으로 막고, 증손 이후의 자손들도 주요 관서 의 임용을 차단했다. 이로써 실질적으로 사대부가의 여성들의 재가는 거의 불가능하게 되었다.

남편에게 절의를 지켜야 한다는 명분으로 처에게는 재가를 규제했지만 남편에게는 중혼을 금지했을 뿐 처가 사망하면 다 시 혼인할 수 있었다. 1413년(태종 13) 사헌부에서는 고려 말에 예禮와 의義의 교화가 행해지지 못하고 부부의 의가 문란해져 욕심만을 좇고 사랑하는 마음에 혹하여 처가 있는데 처를 맞이 하고 첩을 처로 삼는 자가 생겨났다고 했다. 이로 인해 소송이 일어나 화기和氣를 상하게 하고 변고가 발생하는 데 이르렀다며, 처가 있는데 다시 처를 맞이한 자는 『대명률』에 의해 장 90에 처 하고 뒤에 맞이한 처를 이이離異, 즉 관에서 이혼시키기를 청했다. 이는 왕의 윤허를 받아 법제화되었다.[37] 이에 따라 처가 있는데 다시 혼인을 하면 처벌되었을 뿐 아니라 두 번째 혼인은 무효가 되었다. 그리고 두 번째 맞이한 처와의 사이에 자식이 있으면 그 자식은 첩자녀로 취급되었다. 이 중혼 금지법 제정으로 조선에서는 일부일처제가 정립되었다. 그러나 이는 처가 있는데 처를 맞이하는 것을 금지하는 법이었을 뿐 첩을 두는 것은 제한하지 않았다.

1440년(세종 22) 예조에서는 은의의 무거움이 부부 관계보다 더한 것은 없다면서 처가 사망하면 3년이 지난 후에 혼인하도록 하고, 부모의 명이 있거나 자식이 없는데 마흔 살이 넘은 경우에는 1년 후에 혼인할 수 있도록 법제화하기를 청하여 윤허 받았다.[38] 이 법은 『경국대전』 혼가婚嫁조에 다음과 같이 수록되었다.

> "사대부는 처가 사망하면 3년 후에 다시 처를 맞이할 수 있다. 만약 부모의 명이 있거나 나이가 40세가 넘도록 자식이 없으면 1년 후에 다시 처를 맞이하는 것을 허락한다."[39]

이렇게 조선시대에는 사회적으로나 법제적으로 남편과 처

모두 배우자에게 의를 지키도록 요구했다. 그러나 남편과 처에게 요구된 실천 방식에는 차이가 있었다. 처에게는 재가를 규제한 반면에 남편에게는 중혼을 금지하고 처 사망 3년 후에 혼인할 수 있도록 법제화했다. 이러한 규정의 차이는 조선시대 양반층에, 성별에 따른 삶의 차이를 가져왔다.

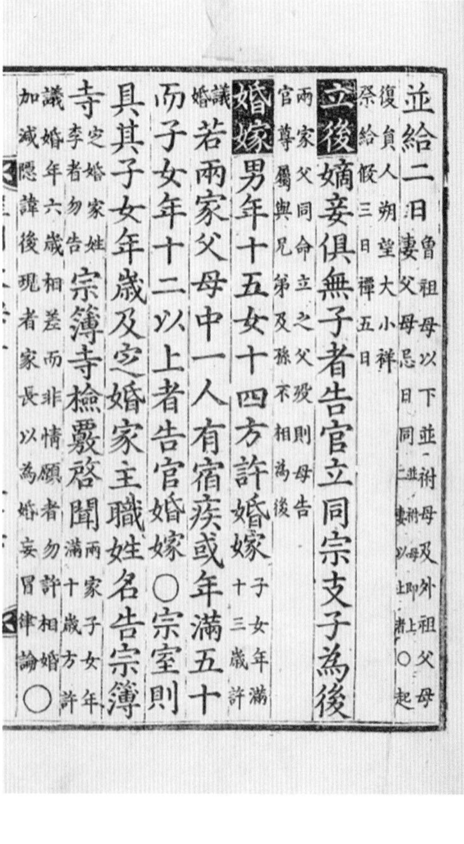
並給二日曾祖母以下並祔母及外祖父母妻父母忌日同二並祔妻祔母以上卽上者○起
復負人朔望大小祥祭給假三日禫五日
立後嫡妾俱無子者告官立同宗支子爲後
兩家父同命立之父歿則母告官尊屬與兄弟及孫不相爲後
婚嫁男年十五女十四方許婚嫁子女年滿十三歲許
議婚若兩家父母中一人有宿疾或年滿五十
而子女年十二以上者告官婚嫁○宗室則
具其子女年歲及定婚家主職姓名告宗簿
寺定婚家姓李者勿告宗簿寺檢覈啓聞兩家子女年滿十歲方許
議婚年六歲相差而非情願者勿許相婚加減隱諱後現者家長以爲婚妄冒律論○

그림 4 『경국대전』 예전 혼가조, 소장처: 서규장각한국학연구원

셋째, 이유 없이 처를 버리는 경우 『대명률』에 의해 장 80에 처하고, 버린 처와 다시 합하도록 했다. 그리고 처를 버린 자는 부부의 의를 훼손시켰다 하여 관직 진출에 제한을 받았다. 처가 남편을 버리는 것은 용납되지 않았다. 이에 대해서는 다음 '이혼 방식과 기처 규제 정책'에서 상세히 기술하도록 하겠다.

이혼 방식과 기처 규제 정책

조선시대에는 혼인할 때와 마찬가지로 이혼할 때에도 관에 신고하는 절차가 없었다. 따라서 조선에서 이혼은 대부분 남편이 사적으로 처를 버리는 형태로 이루어졌다. 이에 따라 이혼 장면에서 자주 등장하는 용어가 '처를 버리다'는 의미의 '기처棄妻', '처를 내쫓다'는 의미의 '출처出妻, 黜妻'였다. 처를 버리는 행위에는 '기棄', '출出, 黜' 외에도 '기별棄別', '휴기休棄', '기거棄去', '기절棄絶'과 같은 용어가 사용되었다.

남편이 처를 버려 헤어지게 되면 혼인 관계가 해소된 것으로 인정되었다. 이에 따라 성종 대 재가 규제법이 반포되기 전에는 양반층 여성이라도 기별하면 재가하는 데 제한을 받지 않았다. 성종 대 어세공이 심정원이 버린 처를 맞이하여 처로 삼은 것도 기별 후 재가한 사례 중 하나이다. 당시 사람들은 어세공이 재산을 보고 혼인했다며 그르게 여겼다고 한다.[40] 남편이 처를 버릴 때 처에게 수세(休書), 기별 문서 등으로 불리던 문서를 주었는데, 이는 혼인 관계 해소를 증빙하는 문서로 기능했다.

반대로 처가 남편을 버리는 것은 용인되지 않았다. 『대명률』에서는 처가 남편을 배반하고 도망하면 장 100에 처하고, 도망하여 개가하면 교형에 처하도록 했다.[41] 따라서 남편에게 기별 문서를 받지 않은 상태에서 남편을 떠나는 것은 처벌 대상이 될 수 있었다. 1423년(세종 5) 전의 판관 황순지의 처 세은가이는 남편을 배반하고 유흥수와 간통했다 하여 교형에 처해졌다. 남편을 버린 것이 아니라 단순히 간통한 것에 불과하지만 유부녀가 간통한 행위에 대한 형량인 장 90도, 처가 남편을 배반하고 도망한 행위에 대한 형량인 장 100도 아닌 남편에게서 도망하여 다시 시집간 행위에 대한 형률을 적용하여 교형에 처한 것이다.[42] 양반층 여성의 경우 간통을 했다는 사실만으로도 남편을 떠나 개가한 행위와 같은 것으로 보아 이 형량을 적용시킨 것이다.

이러한 상황에서 처가 남편과 헤어지고 다시 혼인하고자 한다면 남편을 설득하여 기별 문서를 받아야 했다. 이 때문에 남편을 핍박하여 기별 문서를 받는 사람들도 있었다. 1426년(세종 8) 환자宦者 한세보의 처 박씨는 남편을 핍박하여 기별 문서를 받았다 하여 불응위不應爲조의 사리상 무거운 죄에 해당하는 형률을 적용하여 장 80에 처해졌다.[43] 조선시대에는 처벌해야 할 사안이기는 하지만 적용할 형률이 없을 때 『대명률』의 불응위조를 적용시켰다. 불응위조에는 사리상 무거운 죄라고 판단되면 장 80, 가벼운 죄라고 판단되면 태 40에 처하도록 규정되어 있다. 1456년(세조 2)에는 양녀 분경이 남편 최희를 핍박하여 기별 문서를 받고 수의부위修義副尉 이용수에게 시집갔다 하여 장 100에 처해졌다.[44] 분경에게는 남편을 배반하고 도망한 데 해당하는 형률을 적용했던 것으로 보인다. 처가 남편을 버리는 것이 허용되지 않았기 때문에 이혼하고자 했던 여성들은 남편과 합의가 되지 않으면 남편을 핍박해서라도 기별 문서를 받으려고 했던 것이다.

양반 여성 중에서도 남편을 핍박하여 기별 문서를 받아 처벌받은 사례가 나타난다. 1463년(세조 9) 사헌부에서 전 순안 현감 강복이 이유 없이 적처를 두 번 버렸다며 추핵했다. 그러자 영의정 신숙주는 강복의 두 번째 처인 고씨가 시어머니 상중에 강복을 침핍하여 버리기를 구하고 상복을 벗고 길복吉服으로 갈아입고서 서울에 올라와 배우자를 구했다며, 고씨가 남편을 배반한 죄를 다스리기를 청했다.[45] 이에 의금부에서 고씨에 대한 조사가 이루어져 결국 고씨, 강복, 고씨의 후부後夫 이준생이 모

두 처벌되었다.[46]

조선시대 남편이 처를 버렸다는 것을 증빙하는 문서인 기별 문서 2건이 전해진다. 기별 문서는 부부 사이에 사적으로 작성 되던 문서로, 당대에는 혼인 관계가 해소되었다는 것을 증빙하는 용도로 사용되었지만 자손 대에는 점차 그 활용 가치가 없어질 수 밖에 없었다. 따라서 이 문서는 매우 희소하게 남아 있다. 그것도 양반 계층에 비해 비교적 만나고 헤어지는 것이 자유로웠던 비非양반 계층 남성이 작성한 19세기의 문서만 남아 있을 뿐이다.[47] 현존하는 기별 문서는 수표手標의 형태로 작성되었다. 수표는 개인 간에 거래를 하거나 약속할 때 작성했던 간단한 형식의 문서이다. 어떤 사실이나 다짐 사항 등을 기록하여 문서 수령자가 증빙 문서로 활용하도록 작성해 주었다. 이러한 수표의 특성상 기별 사실을 증빙하는 문서로도 사용되었다.

최덕현 수기는 최덕현이 자신을 배신하고 다른 사람에게 시집가려 하는 처에게 엽전 35냥을 받고 혼인 관계를 파해 준 문서이다. 이 문서 첫머리에 기재된 '수기手記'는 '수표'를 달리 이르는 명칭이다. 처는 남편을 버릴 수 없었기에 남편 최덕현이 작성해 준 기별 문서가 있어야 남편과 헤어질 수 있었다. 따라서 최덕현의 처는 남편에게 혼인 관계를 파하겠다는 이 문서를 받고서야 정식으로 재혼할 수 있었다. 최덕현이 이 수표에서 처

그림 5 을유년 최덕현 수기, 소장처: 전북대학교 박물관

수기手記

애통하다. 가슴이 턱 막힌다. 부부유별은 사람이 지켜야 할 제3의 큰 윤리인데 무상無常하다. 아내는 지게미와 쌀겨를 먹으며 함께 고생해 왔는데, 뜻밖에 오늘 아침에 나를 배반하고 다른 사람에게 갔다. 슬프도다. 저 두 딸은 장차 누구에게 맡겨 키울 것인가? 생각이 이에 미치자, 말을 만들지도 않았는데 눈물이 앞선다. 그러나 그가 나를 배반했으니, 내가 어찌 그를 생각하겠는가? 그가 나에게 한 행위를 생각하면 칼을 품어야 할 일이지만 그렇게 하지 않은 것은 앞일을 생각해서이다. 그러므로 십분 생각하여 용서하고서 엽전 35냥을 영원히 혼인 관계를 파하여 위 댁에 보낸다. 훗날 분쟁이 발생하게 되면 이 문서지고 증빙으로 살필 일이다.

乙酉年 12월 20일 최덕현 수표

를 '위 댁'에 보낸다고 한 것을 통해 처가 재혼하고자 했던 대상은 최덕현보다 사회적 지위나 경제력이 높은 사람이었을 것으로 짐작된다. 최덕현은 권력에 굴복하고 35냥의 배상금, 위로금의 성격을 가진 금전을 받은 후 이 수표를 작성해 주었던 것 같다.

1880년(고종 17)에 작성된 김응원 수표도 전문 30냥을 받고 김응원이 처 신 조이와의 혼인 관계를 파해 준 문서이다. 김응원은 이인석이란 자와 함께 도망간 처 신 조이를 찾아 데리고 온 후 버렸는데, 그 버린 처가 곽순만과 재혼하려고 하자 30냥을 받고 부부의 정의를 파해 주었다. 도망간 처 신 조이를 찾아 데려오기까지 했으면서도 버렸다고 한 것을 통해 볼 때 신 조이는 남편에게 이끌려 돌아온 후에도 그와 함께 살고 싶어 하지 않았던 것 같다. 그러던 중 신 조이를 데리고 살고자 하는 곽순만이 30냥을 내어 주자 이를 받고 기별 문서를 작성해 준 것으로 보인다.

남성인 최덕현과 김응원이 서명란에 손바닥을 그리는 수장, 손가락 마디를 그리는 수촌을 사용한 것을 보면 이들은 양인 이하의 하층민이었을 것이다. 글을 아는 남성이었다면 수결手決을 했을 가능성이 높기 때문이다. 따라서 이 두 문서는 형식이나 내용 면에서 양반층의 기별 문서와 달랐을 수 있다. 이 문서들

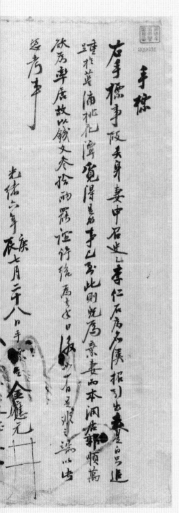

그림 6 1880년 김응원 수표, 소장처: 서울대학교 규장각한국학연구원

수표手標

이 수표를 작성해 주는 일은 다음과 같다. 나의 처 신 조이를 이인석이란 놈이 유인하여 처가 집을 나갔기에 남포 도화담에 뒤쫓아가 찾아왔다. 일이 이에 이르러 이미 처를 버렸는데, 본동에 사는 곽순만이 데리고 살고자 하므로 전문 30냥을 받고 부부의 정의를 파罷해 준다. 훗날 만약 시비를 가리는 폐단이 있으면 이 문서를 가지고 증빙으로 살필 일이다.

광서 6년 경진(1880) 7월 28일

수표주 김응원 〈수촌〉 〈수장〉
증인 존의尊議 조덕문 〈수결〉
필집 전영도 〈수결〉

에서 부부간의 의라는 명분보다 현실적인 권력이나 경제력에 굴복하기도 했던 실제 하층민의 삶의 모습이 비쳐지기도 한다. 그러나 남편이 혼인 관계를 해소하겠다는 의사를 문서로 표명해야 정식으로 혼인 관계가 해소될 수 있었다는 점은 양반층과 크게 다르지 않았다.

그런데 양반층 남성이 이유 없이 처를 버리는 행위는 부부간에 의를 지켜야 한다는 명분하에 규제되었다. 사헌부에서 이유 없이 처를 버린 것을 적발하면 『대명률』에 의해 장 80에 처하고 버린 처와 다시 합하도록 했다.[48] 그리고 처를 버린 자는 부부의 의를 저버린 자로 여겨져 관직 진출에 제한을 받기도 했다. 이는 양반층에 대한 규제로 하층민은 규제 대상이 아니었다.

그렇다면 기처 사실을 관에 고할 필요가 없었던 상황에서 어떠한 방식으로 처를 버린 행위를 적발할 수 있었을까?

첫째 처를 버린 남편 측에서 관으로부터 기처棄妻를 인정받기 위해 고하는 경우가 있었다. 처를 버린 것이 적발되면 처벌되거나 관직 진출에 제한을 받기 때문에 이를 미연에 방지하기 위한 방편이었다. 1457년(세조 3) 장천군 이승평은 아들 이헌이 처 유씨를 버린 일로 왕에게 상언했다. 그는 상언에서 며느리 유씨가 노비들을 구타하여 도망가게 했을 뿐 아니라 지아비에게 불순하여 부행婦行이 없고, 자신에게 항상 "몇 해나 살겠느

냐"며 욕을 하는 등 불효하여 내쫓았다고 했다. 그리고 이헌에게 사유를 갖추어 사헌부에 고하도록 했는데 사헌부에서 이 고장을 수리하지 않고 오히려 이헌이 이유 없이 처를 버렸다고 추국했다면서 억울함을 호소했다.[49] 이승평은 이헌의 기처가 문제가 되기 전에 미리 며느리가 부도에 어긋난 행동을 하고 불효하여 자신이 며느리를 내쫓은 것이라는 점을 사헌부로부터 승인받고자 했다. 훗날 기처 사실이 알려져 아들이 이유 없이 처를 버렸다는 죄목으로 처벌되거나, 관직 제수 시에 서경을 받지 못하는 불이익을 받을 가능성을 미연에 방지하고자 한 것이었다. 그런데 사헌부에서 이 고장 내용을 받아들이지 않고, 오히려 이헌을 기처율로 처벌하려 하자 직접 왕에게 상언하여 자신이 부도에 어긋난 행위를 한 며느리를 내쫓은 것이라고 호소한 것이다. 이에 세조는 원종공신이자 고관인 이승평의 상언을 받아들여 이혼을 승인했다.

둘째 처 측에서 기처가 부당하다며 관에 고하기도 했다. 1470년(성종 1) 구영안이 처 신씨를 버리자 신씨 집안에서 사헌부에 소지를 올려 부당함을 호소했다. 구영안이 신씨를 버린 것은 그가 실행했다고 의심했기 때문이었다. 구영안의 친구들이 구영안이 처가에 왕래하지 않자 신씨가 실행했다고 의심하고 소문을 냈는데, 이 소문을 들은 구영안이 어머니의 명을 칭탁하여 신씨를 버렸다.[50] 그러자 신씨 집안에서는 신씨의 오명을 벗기기 위해 사헌부에 호소했던 것이다.

셋째 사헌부에서 제보를 받거나 풍문을 듣고 인지하는 경우도 있었다. 세종 대 송반이 양모 신씨로부터 양부모의 재산을 모두 물려받게 되자 송반의 양부 송면의 친족과 양모 신씨의 친족, 양모의 양녀 조씨의 아버지 조아가 송반이 처 김씨를 버리고 양모 신씨와 부적절한 관계를 가져 왔다는 소문을 퍼뜨렸다. 이로 인해 사헌부에서 기처 사실을 인지하게 되어 송반을 처벌하고 처와 다시 합하도록 처분했다.[51] 또한 앞서 언급했던 강복이 이유 없이 처를 두 번 버렸다며 사헌부에서 추핵한 것은 풍문 거핵, 즉 풍문을 듣고 탄핵한 것이었다.

이렇게 사헌부에서 처를 버린 사건을 인지하게 되면 조사에 착수했다. 그 결과 이유 없이 처를 버렸다고 판단되면 조율하여 형량을 구형하고 버린 처와 합하도록 명하기를 청하는 계문을 올렸다. 왕은 최종적으로 이 계문에 의거하여 형량과 버린 처와 합하도록 할지의 여부를 결정했다.[52]

조선시대 이혼은 남편이 처를 버리는 형태로 이루어졌지만 관에서 이혼하도록 처분하는 경우도 있었는데, 이를 '이이離異'라고 했다. 주로 불법으로 혼인이 이루어졌거나 의절義絶의 상황, 즉 부부의 의를 끊어야 할 정도의 사건이 발생했을 때 이러

그림 7 **해치 흉배**, 소장처: 고려대학교 박물관

조선시대에 해치 흉배는 사헌부의 장관인 대사헌만 부착할 수 있었다. 해치는 시비와 선악을 판단할 수 있다는 상상의 동물이다.

한 처분을 내렸다. 그런데 이 외에 관에서 기처를 승인하여 부부 관계 해소를 인정하는 처분을 하는 경우에 '이이'라고 지칭하기도 했다.

2
___

부부 생활의 실제

조선의 지배층은 부부 사이에 종신토록 의를 지키는 것을 이상적인 부부 관계로 여겼다. 이에 따라 양반층의 기처를 규제하고 성종 대 이후에는 양반층 여성의 재가를 규제함으로써 부부 관계가 종신토록 지속될 수 있는 환경을 조성했다. 한편, 양반층 부부 관계의 성립은 부부 두 사람만의 결합이 아닌 가문 간 결합의 성격이 짙었다. 이러한 상황 속에서 조선의 양반들은 혼인 관계를 종신토록 지속하여 부부가 백년해로하는 것을 이상적인 삶으로 여겼다. 또한 조선 후기에는 처의 남편에 대한 절의가 매우 중시되어 남편이 사망하면 따라 죽는 극단적인 절의를 칭송하는 사회로 변모해 갔다.

    그러나 부부 관계의 실상은 다양하게 나타났다. 유희춘, 송덕봉 부부와 같이 존중과 신뢰를 바탕으로 화목한 부부 관계를 영위하는 사람들도 있었지만 서로 간에 신뢰나 애정 없이 부부의 명목만 유지하는 경우도, 남편이 처를, 처가 남편을 학대하는 경우도 있었다.

이 중 존중과 신뢰를 바탕으로 부부 관계를 유지했던 유희춘, 송덕봉 부부의 사례와 처와 갈등하고 폭력까지 행사하다 이이하게 된 한환의 사례, 양상이 전혀 달랐던 이 두 쌍의 부부 관계에 대해 살펴보도록 하겠다.

존중과 신뢰의 부부 관계

16세기 유희춘, 송덕봉 부부의 부부 생활은 유희춘의 일기인 『미암일기』에 드러난다.[53] 이 부부는 남편 유희춘이 24세이고, 처 송덕봉이 16세이던 1536년(중종 31)에 혼인했다. 유희춘은 혼인한 지 2년 후인 1538년(중종 33)에 문과에 급제하고, 이후 홍문관 수찬, 무장 현감 등을 지냈다. 그러다가 1547년(명종 2) 유희춘이 양재역 벽서 사건에 연루되어 멀리 종성으로 유배 가게 되었다. 처음에 송덕봉은 유희춘과 떨어져 살면서 집안을 돌보고 시어머니를 봉양했다. 그러나 시어머니가 사망하자 3년상을 치르고 나서 종성으로 가 남편과 함께 생활했다. 아래 시는 이 때 남편의 유배지로 가는 길에 마천령에 이르러 읊은 시이다.

行行遂至磨天嶺

가고 가서 드디어 마천령에 이르니

東海無涯鏡面平

동해는 끝이 없고 거울처럼 평평하구나.

萬里婦人何事到

만리 길을 부인이 무슨 일로 왔는고

三從義重一身輕

삼종三從의 의義는 무겁고 이 한 몸은 가볍나니.[54]

이후 유희춘이 은진으로 이배되자 이곳에서 함께 지냈다. 1567년(선조 즉위) 명종이 승하하고 선조가 즉위하자 유희춘은 20년간의 긴 유배 생활에서 벗어나 다시 관직에 진출하게 되었다. 『미암일기』에는 이 무렵부터 유희춘이 사망한 1577년(선조 10) 5월까지의 기록이 남아 있다. 따라서 이 부부의 생활을 엿볼 수 있는 기간은 유희춘 55세, 송덕봉 47세 때부터 10여 년간이다.

송덕봉은 가족의 의복을 마련하고, 살림을 장만하고, 종의 역할을 배분하는 등의 일상적인 가사 관리에서부터 제사가 있을 때 제물을 준비하고, 손자들의 혼사 준비를 관장하고, 집의 수리와 건축을 감독하고, 집안의 서적을 정리하는 일까지 가정의 대소사를 챙겼다. 관직 생활을 하던 유희춘은 가족의 일상을 살뜰하게 챙기는 송덕봉의 노고에 고마워하는 마음을 자주 표현했다. 유희춘이 유배 생활에서 벗어나 6개월여가 지난 1568년(선조 1) 4월 유희춘은 도성에서 관직 생활을 하고 있었고, 송덕봉은 담양에 있었다. 이때 송덕봉이 목면으로 된 갑방의甲方衣, 갑봉지甲奉地, 단천익單天益과 같은 옷가지를 챙겨 도성으로 보내자 유희춘은 그의 일기에 "세군細君이 바깥으로 성조成造하는 데 힘쓰고 안으로는 옷을 짓는 데 힘쓰니 그 고생이 심하다"라고 했다.[55] 담양 집의 행랑을 중축하는 것을 감독하면서 자신의 의복을 지어 보내는 것에까지 마음을 쓰는 부인의 노고에 고마운 마음을 드러낸 것이다. 1573년(선조 6) 겨울에는 부부가 도성에 함께 살고 있었는데, 부인이 두터운 옷을 준비해 주어 추위를 덜게 되자 "어제는 큰 추위를 무릅쓰고 바쁘게 돌아다녔지만 옷이 두터워 몸이 상하지 않았다. 모두 부인이 구해 준 덕택이다"라고 하며, 고마움을 드러내기도 했다.[56]

또한 자신의 부모, 조부모, 증조부모의 제사를 지낼 때면, "제물이 정결하게 갖추어진 것은 부인의 공이 크다", "제물이 정결하고 풍족하게 갖추어졌으니 부인의 내조의 힘이다"라고 하는 등 제사 음식을 준비해 준 부인의 공을 잊지 않았다.[57] 송덕봉은 책이나 글씨를 찾는 것을 도와주기도 했는데, 이럴 때면 유희춘은 일기에 부인의 덕으로 책이나 글씨를 찾았다고 기록했다.[58]

이 부부는 함께 장기를 두며 여가 시간을 보내기도 하고, 한시를 주고받으며 서로의 마음을 주고받기도 했다. 또, 부부가 함께 혼례를 앞둔 손자에게 혼례 의식을 연습시키기도 하고, 손자의 교육에 대해 의논하기도 했다. 한번은 송덕봉이 유희춘에게 "광연이 총명하고 말재주가 있어 『취구聚句』나 『양몽대훈養蒙大訓』, 『소학小學』 등의 책을 읽을 만한데, 지금 『신증유합新增類合』의 어려운 글자를 읽으니, 비유하면 견고한 성 아래에서 병사들의 기운을 빼는 것과 같습니다. 잠시 늦추어 문장으로 된 글을 읽게 해야 할 것 같습니다"라고 했다. 이러한 송덕봉의 말을 듣고 유희춘은 깨우쳤다고 기록했다.[59]

유희춘은 책을 번역하고 교정할 때 아내의 도움을 받기도 했다. 유희춘은 『유합類合』 하권을 번역할 때 부인에게 많이 물어 개정했다고 일기에 기록했다.[60] 또 1574년(선조 7) 당시 부제학이었던 유희춘이 홍문관에서 동료들과 『상서尚書』를 교정하는데, 홍문관 관원들이 『상서』의 "若作酒醴 爾惟麴糵(만약 술을 만들거든 네가 누룩과 엿기름이 되며)"라는 어구 중 '糵(엿기름)'이 무슨 물건인지 몰랐다. 유희춘은 송덕봉에게 이것이 무엇인지 묻자 송덕봉은 "蘗은 보리나 밀을 물에 담갔다가 짚섬으로 싸서 더운 곳에 두면 자연히 싹이 나는데, 그것을 취하여 햇볕에 말리거나 불에 말려 찧어서 가루를 만들어 술에 넣으면 달게 되니, 누룩 가루에 조금 섞으면 좋습니다"라고 했다.[61] 조선의 최고 엘리트들이 모인 홍문관의 관원이라 하더라도 실제로 음식을 만들거나 술을 담가 보지 않았다면 이 글자가 무엇을 지칭하는지 알기 어려웠다. 그런데 송덕봉은 문장에도 능숙하고 술 담그는 법도 알고 있었기에 이러한 답을 할 수 있었다.

송덕봉은 유희춘이 지은 시에 대해 조언하기도 했다. 1576년(선조 9) 유희춘이 선친이 경계한 내용을 가지고 한 구절의 시를 지었는데, 송덕봉이 그 시를 듣고, "시를 짓는 법은 직설直說하여 문장을 짓듯이 해서는 안 됩니다. 마땅히 산에 오르고 바다를 건너는 것에서 시작하여 그 마지막에는 벼슬하는 것을 말해야 합니다"라고 했다. 그러자 유희춘은 송덕봉의 이 조언을 받아들여 다시 시를 지었다.[62]

이들 부부는 서로 협력해 가며 가정을 관리하고 부부 생활을 영위했고, 유희춘은 자신이 모르는 것이나 실수한 것에 대해 송덕봉의 도움을 받는 것을 조금도 꺼려하지 않았다. 1570년(선조 3) 6월 송덕봉이 담양에 있고, 유희춘이 도성에서 관직 생활을 하고 있을 때 유희춘이 3, 4개월 동안 여색을 가까이하지 않고 홀로 지냈다며 갚기 어려운 은혜를 입은 줄 알라는 편지를 보냈다. 송덕봉은 이에 대한 장문의 답장 편지에서 유희춘이 여색을 가까이하지 않는 것은 유희춘 자신을 위한 것이라며 자랑할 만한 일이 아니라고 했다. 행실을 닦고 마음을 다스리는 것은 성현의 가르침으로 군자가 당연히 추구해야 할 것이라는 점, 자신의 행적을 크게 평가하며 남이 알아주기를 원하는 단점이 있다는 점, 여색을 가까이하지 않는 것이 기를 보하여 건강에 이로울 것이라는 점이 유희춘이 보낸 편지에 대해 송덕봉이 평한 핵심 내용이었다. 이 편지에서 자신의 단점을 지적했음에도 불구하고 유희춘은 편지 내용이 좋아 탄복을 금할 수 없다고 감탄했다. 이렇게 이 부부 사이에는 상대방의 조언을 존중하는 관계가 형성되어 있었다.

『미암일기』는 유희춘의 일기로, 송덕봉에 대한 유희춘의 마음은 드러나 있지만 유희춘에 대한 송덕봉의 마음은 알 수 없다. 그러나 『미암일기』에 수록된 송덕봉의 몇몇 시들을 통해 송덕봉의 마음도 조금이나마 드러난다.

1569년(선조 2) 9월 부부가 함께 도성에 있을 때의 일이었다. 유희춘은 당시 우부승지로 며칠간 입직하다가 귀가했는데, 입직 중에 집에 모주母酒 한 동이를 보내면서 송덕봉에게 시를 지어 보냈다. 이에 다음 날 송덕봉은 화답하는 시를 지어 보냈다.[63] 아래의 시가 이때 유희춘이 보내고 송덕봉이 화답한 시이다.

유희춘의 시

雪下風增冷	눈 내리고 바람 더욱 차가우니
思君坐冷房	냉방에 앉아 있는 님이 생각나오.
此醪雖品下	이 술이 비록 하품이긴 하지만
亦足煖寒腸	언 속을 덥히기는 족하겠지요.

송덕봉의 답시

菊葉雖飛雪	국화잎에 비록 눈발은 날리지만
銀臺有煖房	은대에는 따뜻한 방이 있겠지요.
寒堂溫酒受	추운 집에서 따뜻한 술을 받아
多謝感充腸	속을 채우니 고마움이 그지없어라.

유희춘은 궁궐에 입직해 있으면서 추운 날씨에 집에 홀로 있는 부인을 그리워하며 좋지 않은 술이나마 보낸다는 내용의 시와 함께 술을 보냈다. 그러자 송덕봉은 남편의 안부를 궁금해

하며, 술을 보내 준 것에 고마워하는 시로 화답했다. 또, 유희춘은 출직하여 집에 돌아왔을 때 부인을 만나 기쁜 마음을 일기에 기록했다.

1572년(선조 5) 11월 부부가 함께 도성에 있을 때 홍문관에서 선조가 내린 음식 중 일부를 홍문관 부제학인 유희춘의 집에 보냈다. 유희춘과 송덕봉은 함께 이 음식을 먹었는데, 송덕봉이 시를 지어 유희춘에게 주었고, 유희춘은 이에 화답하는 시를 지었다.[64] 이때 지은 송덕봉의 시는 다음과 같다.

雪中白酒猶難得

눈 속에 백주白酒도 얻기 어려운데

何況黃封殿上來

하물며 황주黃酒가 전상殿上에서 봉해져 옴에랴.

白酌一盃紅滿面

한 잔을 자작하고 붉은빛이 얼굴에 가득하여

與君相賀太平廻

당신과 함께 태평이 돌아옴을 경하하도다.

이 시에는 20년에 이르는 긴 유배 생활을 끝내고 복관된 후 5년이 지나 홍문관 부제학으로 재직하고 있는 남편 유희춘과 함께 궁중에서 보내온 좋은 음식을 먹으며 평안함을 누릴 수 있게 된 것에 행복해하는 송덕봉의 감정이 드러난다.

유희춘, 송덕봉 부부는 서로 간의 신뢰를 바탕으로 일상적인 배려나 노력에도 고마워하고, 서로를 존중하면서 때로 조언하고 협력해 가며 가계를 영위해 가는 부부의 모습을 보였다.

부부 사이의 갈등과 가정 폭력, 이혼

조선시대 부부 중에는 서로 갈등하다 폭력을 행사하고 이혼까지 하게 된 사례도 있었다. 1490년(성종 21) 청천군 한환의 사례가 그러한 사례이다. 한환은 예종비 안순 왕후 한씨의 동생이었다.[65] 그는 처 조씨를 폭행한 사건이 있기 몇 달 전에 장인 폭행 사건에 휘말렸다. 사헌부에서 청천군 한환이 장인 조지산을 구타했다는 풍문을 듣고 집안 사람과 겨린을 잡아와 국문하자 조지산은 한환이 자신을 구타한 적이 없다고 상언했다. 성종이 이 상언을 보고 사헌부 관원을 불러 하문하자 사헌부 지평 서팽소는 공초받은 내용을 아뢰었다.

한환이 집을 개축하게 되어 처 조씨를 장인의 빈집에 머무르게 하고 자신은 첩의 집에 있었다. 하루는 한환이 조씨가 사는 곳에 가 조씨와 싸우다가 이웃집 정원까지 따라가 조씨의 옷을 벗겨 찢어 버렸다. 또 하루는 한환이 장인의 집에 가서 조지산을 큰소리로 꾸짖었고, 첩인 기생 일지홍은 조지산이 앉은 뒤쪽의 장지문을 때려 부수었다. 또 하루는 한환이 장인 집에 가서 조지산을 구타하자 조지산의 여종이 달려 나와 이웃에게 주인이 청천군에게 구타당한다며 도움을 청했고, 조지산이 고통스러워 부르짖는 소리가 밖에까지 들렸다고 했다. 이 공초를 받은 후 일지홍을 잡아다 조사하니 일지홍의 공초도 이와 같았고, 조지산 집 익랑에 장지문이 부서진 것도 확인했다고 했다.[66]

그러나 한환이 장인을 구타한 것을 부인했고, 조지산도 한환이 처와 다투다가 자신이 제지하자 능욕한 일은 있었지만 구타하지는 않았다고 했다. 그리고 장지문이 부서진 것은 한환과 조씨의 다툼 과정에서 벌어진 일이라고 증언했다.[67] 대신들의 논의를 거친 후 의금부에서는 장인을 구타하고 욕한 행위에 대한 형률을 적용하여 한환의 죄가 장 100을 수속收贖하고 고신을 모두 빼앗는 데 해당한다고 계문했다. 이에 손순효는 조선은 중국과는 달리 장인, 장모를 부모와 같이 여기니 강상綱常에 해당한다고 하며,『대명률』에 규정된 형률보다 더 무겁게 처벌하기를 청했다. 그러나 성종은 형률대로 치죄하라고 판결했다.[68]

이때 한환은 장인을 구타하고 욕한 죄로 처벌되었지만 이는 조씨와의 다툼에서 비롯되었다. 한환이 조씨의 옷까지 벗겨 찢었다는 이웃 사람의 증언과 한환과 조씨의 다툼 과정에서 장지문을 부수기까지 했다는 조지산의 증언을 고려하면 한환과 조씨의 다툼은 가벼운 다툼이 아니었던 것으로 보이며, 폭행의 가능성도 배제할 수 없다. 그러나 한환이 조씨를 폭행한 것은 전혀 문제가 되지 않았다.

그런데 이해 10월 조지산이 성종에게 한환과 딸의 이이를 청했다. 그는 한환이 자신의 집에 와 그 처의 머리채를 잡고 옷을 벗기고 어지러이 때려 상처가 헤아릴 수 없이 많다고 했다. 이전에도 처를 구타하고 머리 장식과 재물을 빼앗아 간 적이 있었다고도 했다. 이는 한환의 첩 중생과 비부婢夫 귀산의 농간에서 비롯된 것이라며, 만약 두 사람을 같이 살게 한다면 자신의 외동딸이 죽게 될 것이라며 딸의 생명을 보전하게 해 주기를 청했다.[69] 이에 성종은 의녀에게 상처를 살펴 계문하게 하고, 의금부에서 조사하게 했다.

의금부에서는 한환이 처 조씨를 구타한 죄는 장 80에 해당하고, 여종인 길운을 때려죽인 죄는 장 60 도 1년에 해당한다며, 한 사건에 두 가지 죄목이 있는 경우 형량이 무거운 쪽에 따라 최종 형량이 결정되는 원칙에 의거하여 장 60 도 1년에 처하기를 청했다. 그러자 성종은 영돈녕 이상과 의정부에 이 사안에 대해 논의하도록 명했다. 이때 6명의 대신들이 논의에 참여했는데, 이들은 모두 의금부에서 정한 형량대로 처벌하기를 청했다. 그리고 이 중 5명은 장인과 처를 구타하여 부처_{夫妻}의 의가 어긋나고 사위의 도_道가 끊어졌다며 이이시키기를 청했다. 이에 성종은 "애초에 조지산이 이이를 원했고 지금 의논하는 사람들도 이이시키는 것이 좋겠다고 하는데, 이는 처가 남편을 떼어놓는 것이 되니, 의에 합당하겠는가?"라고 반문했다. 성종은 처에 의해 이혼이 이루어지는 것이 남편이 강_綱이 되는 부부 관계의 도리에 어긋나는 점이 있을 수 있다는 강상의 문제를 제기했던 것이다.

이에 대해 윤필상 등은 '사위가 처부에게 욕하면 그 처와 이이시킨다'는 『지정조격』의 규정을 거론하고, "한환은 장인을 구타했으니, 이는 한환이 조지산을 장인으로 여기지 않은 것이고, 조지산도 한환이 사위가 되는 것을 기꺼워하지 않으며, 한환 부처_{夫妻}도 서로 남편과 처로 대우하지 않습니다. 이와 같아 형세상 함께 살기가 어려우니 이이시키지 않을 수 없습니다"라고 아뢰었다. 결국 성종은 한환을 외방에 부처하게 하고, 조씨와 이이시켰다.[70]

이를 통해 당시 법사_{法司}에서 남편의 처 폭행을 어떻게 다루었는지가 드러난다. 애초에 한환이 조지산을 폭행했다는 것이 문제가 되었을 때 한환이 조씨의 옷을 찢었을 뿐 아니라 조씨와 다투는 과정에서 장지문이 부서지기까지 했다는 증언이 있었음에도 불구하고 그가 조씨를 폭행했는지의 여부는 조사하지 않았다. 처부모와 사위의 관계가 돈독했던 조선 전기 사회상 속에서 부모와 같은 장인을 폭행한 것이 풍문만으로 조사 대상이 되었던 것과 비교된다. 결국 조지산이 사위가 딸을 심하게 폭행했다며 딸 부부를 이이시켜 달라고 청하고서야 이에 대한 조사가 이루어졌다.

남편과 처 사이에 폭행 사건이 발생했을 때 적용하던 형률 조항은 『대명률』 처첩구부妻妾毆夫조였는데, 이를 정리하면 다음 【표 1】과 같다.[71]

피해자의 상태	처가 남편을 폭행한 경우	남편이 처를 폭행한 경우
절상(折傷)에 이르지 않은 경우	장 100	논하지 않음
절상 이상	일반투구율에서 3등급을 더함 (장 80 도 2년 - 장 100 유 3000리)	일반투구율에서 2등급을 감함 (장 80 - 장 80 도 2년)
독질(篤疾)	교형	장 90 도 2년 반
사망	참형 고의로 죽인 경우: 능지처사	교형

표1 　남편과 처 사이의 폭력에 대한 처벌 규정

【표 1】을 살펴보면 처가 남편을 폭행하면 구타했다는 사실

만으로도 장 100에 처하도록 했지만, 남편이 처를 폭행하면 처가 절상 이상의 상해를 입지 않았다면 처벌하지 않도록 규정되어 있었다. 절상은 치아 하나 혹은 손가락이나 발가락 하나가 부러지거나 눈 한쪽이 잘 보이지 않게 되거나 귀나 코가 훼손되거나 뼈가 부서지는 등 신체 어느 한 곳이 부러지거나 훼손되는 정도의 상해이다. 처가 피해자인 경우 이 이상의 상해를 입어야 처벌이 가능하도록 한 것이다. 그리고 처가 남편을 폭행하면 일반 폭력 사건에 비해 3등급이 가형되는 데 반해 남편이 처를 폭행하면 2등급이 감형되었다. 또, 처의 폭력으로 남편이 독질에 이르면 사형에 처하도록 했다. 이렇게 남편에 대한 처의 폭력 행사는 그 행위 자체만으로도 죄가 성립되며, 가형의 대상이 되었지만 처에 대한 남편의 폭행은 감형 대상이었다. 부처 사이에 폭행을 하여 상대방이 사망하면 가해자가 남편이든 처든 모두 사형에 처하도록 했다. 그런데 가해자가 남편이라면 교형에 처하도록 했지만, 처라면 교형보다 더 무거운 참형에 처하도록 했다. 심지어 처가 고의로 남편을 살해하면 태·장·도·유·사 5형의 범위에도 포함되지 않는 능지처사에 처하도록 했다.[72] 이렇게 부처 간의 폭력은 누가 가해자인지에 따라 범죄 행위의 성립 여부가 달라지고, 범죄의 경중에 차이가 났다.

의금부에서 한환이 처를 폭행한 죄가 장 80에 해당한다고 한 것은 처 조씨가 절상에 해당하는 상해를 입었다고 판단한 것이다. 특수 관계가 아닌 사람들 사이에 폭행 사건이 벌어졌을 때 피해자가 절상에 해당하는 상해를 입으면 장 100에 해당한다. 그런데 이는 남편이 처를 구타한 사건이기 때문에 이 형량에서 2등급을 감형하여 장 80에 해당하게 된 것이다.

그렇다면 처가 고소와 이혼을 통해 남편의 폭행에서 벗어날 수 있었을까?

『대명률』 규정에서는 처가 남편을 폭행하여 절상 이상의 상해를 입지 않은 경우에는 남편이 고소해야만 처를 처벌하고 남편이 고소하지 않으면 처벌하지 않도록 했다. 남편이 절상 이상의 상해를 입게 되면 남편의 고소 여부에 관계없이 처를 처벌하도록 했다. 반면에 남편이 처를 폭행하여 처가 절상 이상 독질에 이르는 상해를 입은 경우 처가 고소해야 남편을 처벌하고 고소하지 않으면 처벌하지 않도록 했다. 폭행으로 처가 사망한 경우에만 고소 여부에 관계없이 처벌하도록 했다. 처의 상태가 절상에 이르지 않으면 범죄 자체가 성립되지 않았고, 처가 사망하지 않으면 아무리 심한 상해를 입더라도 처 측의 고소가 있어야 처벌할 수 있었다.

그런데 형률에는 처가 남편을 고소하는 것을 규제하는 규정이 있었다. 『대명률』 간명범의干名犯義조에는 '자식이나 손자가

『대명률직해』 형률, 처첩구부조, 소장처: 서울대학교 규장각한국학연구원

조부모나 부모를 고소·고발하거나 처나 첩이 남편이나 남편의 조부모, 부모를 고소·고발하면 장 100 도 3년에 처한다. 단, 무고誣告한 자는 교형에 처한다'73라고 했다. 처가 남편을 고소하거나 고발하는 행위에 대해 매우 무거운 형률로 처벌하도록 한 것이다. 그런데 『경국대전』에는 처가 남편을 고소하거나 고발

하면 아예 사형에 처하도록 했다. 즉, '자식·손자, 처·첩, 노비로서 부모나 가장을 고소하거나 고발한 자는 모반謀叛, 모대역謀大逆, 모반謀反을 제외하고는 교형에 처한다'[74]라고 하여 처가 남편을 고소하거나 고발하는 행위를 했다는 것 자체만으로 교형에 처하도록 했다. 그렇다면 남편의 폭력 행위로 처가 절상 이상 독질에 이르는 상해를 입었을 때『대명률』처첩구부조의 규정대로 처가 고소할 수 있었을까?

태종 대에 변계량은 처 이씨를 방에 가두어 두고서 창 구멍을 통해 음식을 주고 용변도 자유롭게 보지 못하게 했다. 그러자 이씨의 아버지인 이촌이 변계량을 꾸짖고 딸을 데리고 간 후 사헌부에 소송을 제기했다.[75] 학대당한 딸 대신 아버지가 사헌부에 고한 것이다. 앞서 한환이 조씨를 폭행했을 때 고한 사람도 조씨의 아버지인 조지산이었다.

세조 대에 이종연은 처 노씨를 소박하고 자주 구타하여 노씨가 사망하기까지 했지만 사망 후에야 왕이 그 사실을 듣고 추국하도록 했다.[76] 노씨의 아버지는 동지돈녕부사 노물재였고, 어머니는 세종비 소헌 왕후의 동생인 심씨로 세조와는 이종 남매간이었다. 이 사건이 발생했을 때에는 노씨의 부모가 모두 사망한 후였다.[77] 부모가 모두 사망하여 남편에게 구타당하는 딸을 구제해 줄 사람이 없었는지 노씨 사망 전에는 남편의 구타를 막지 못했다. 노씨는 왕의 근친인 데다 고위 관원의 딸이었지만 남편에게 자주 폭행당하여 사망하기까지 한 것이다.

1457년(세조 3) 세조는 직접 명을 내려 이숭지가 전주 부윤에 제수되었는데도 부임하지 않고 권문에 아첨한 죄와 첩을 사랑하여 처를 소박하고 구타·침학한 죄를 함께 거론하며, 이숭지와 처 심씨를 이이시키고 외방에 유배 보냈다.[78] 이숭지의 처 심씨는 세종비 소헌 왕후의 동생으로 세조에게는 이모가 되었다. 세조는 이숭지가 제수된 관직에 부임하지 않자 이를 계기로 이모를 소박하고 학대한 일을 함께 언급하며 이숭지를 처벌하고 이숭지 부부의 이이를 명했다.

이렇게 남편이 처에게 심각한 폭력을 행사했을 때 고소한 사람은 피해자인 처가 아니라 처의 아버지를 비롯한 처의 친정 남성이었다. 이는 당시 처가 남편의 심한 폭행에 시달리더라도 직접 남편을 고소하는 것이 어려웠음을 알 수 있다.

한환이 처 조씨를 폭행한 사건은 이 부부가 따로 거주하는 상황에서 발생했다. 심지어 조씨의 거주지는 그 아버지 조지산의 집이었음에도 불구하고 한환이 찾아와 수차례 폭행했다. 이혼을 해야 딸이 남편의 폭력에서 벗어날 수 있다는 조지산의 말을 함께 고려해 보면, 거주지가 다르더라도 부처의 명목으로 묶여 있다는 것만으로 남편의 상습적 폭행이 벌어질 수 있었다는 사실을 알 수 있다. 부부라는 명분이 처에 대한 남편의 폭행에 어느정도 면죄부를 주고 있었다는 사실이 드러난다.

『대명률』처첩구부조에는 처가 가해자인 경우 남편에게 폭력을 행사했다는 사실만으로도 남편으로부터 일방적으로 이혼을 당할 수 있도록 규정되어 있다. 그러나 남편이 가해자인 경우 처가 절상의 상태가 되지 않으면 이혼할 수 없었다. 처가 절상 이상의 상해를 입으면 이혼이 가능했지만 처의 의사만으로 이혼할 수 없었고, 관에서 부처 모두의 뜻을 파악한 후 이이 여부를 결정했다.

형률에 따르면 처가 남편에게 폭행당하여 절상 이상의 상해를 입으면 이혼이 가능했다. 그러나 한환의 처 폭행 사안에 대한 논의에서 성종은 처의 뜻에 따라 남편이 이혼을 당하는 것이 타당한지에 대해 의문을 제기했고, 결국 장인을 폭행한 사건까지 거론된 후에야 이이의 명이 내려졌다. 이를 통해 남편의 심한 폭행이 있었다 하더라도 처의 뜻만으로 이이 처분이 내려지기는 어려웠을 것임을 짐작할 수 있다.

한편, 야담류에는 남편을 핍박하거나 폭행한 처의 이야기들이 전해지기도 한다. 그러나 이는 소문으로 떠도는 이야기일 뿐 실제로 폭행을 했는지, 폭행의 정도가 어느 정도였는지 확실히 검증된 것은 아니었다. 처가 남편을 폭행한 경우 폭행했다는 사실만으로 처벌할 수 있지만 남편이 절상 이상의 상해를 입지 않았다면 남편이 고해야 처벌하도록 한 『대명률』 규정을 굳이 거론하지 않더라도 남편 측에서 이혼하고자 하지 않는다면 굳이 집안의 명예에 해가 될 만한 처의 폭력을 문제 삼을 이유가 없었을 것이다. 또한 조선에서는 처가 죄를 짓거나 사회적 물의를 일으켰을 때 남편이 제가齊家하지 못했다고 함께 처벌받는 경우가 많았다. 이를 감수하고 남편이 자신의 전정에 문제가 될 처의 폭행을 문제 삼는 것은 드문 일이었을 것이다. 그러나 남편 폭행 사실이 알려지게 되면 처는 처의 도리를 크게 저버렸다며 뭇사람들의 거센 도덕적 비난을 받아야 했다. 남편을 폭행한 것으로 소문난 여성은 악처로 여러 사람의 입에 회자되는 불명예를 감수해야 했던 것이다.

3

조선 전기
이혼의 실제와
이혼 판결

처를 버린 남편의 처벌

조선시대에 이유 없이 처를 버린 사실이 발각되면 『대명률』 출처出妻조에 의해 장 80에 처하고, 버린 처와 합하도록 했다. 『대명률』에는 "처에게 마땅히 쫓아내야 하거나 의절義絶의 정상이 없는데 내쫓으면 장 80에 처한다. 비록 칠출七出을 범했다 하더라도 삼불거三不去의 사정이 있는데 쫓아내면 2등을 감한다. 다시 쫓아낸 처와 함께 살게 한다"라고 규정되어 있다.[79] 『대명률』에서 규정된 마땅히 쫓아내야 하는 사유는 흔히 칠거지악七去之惡으로 잘 알려진 칠출七出을 의미한다. 처를 쫓아낼 수 있는 7가지 사유인 칠출은 자식이 없는 경우, 음란한 경우, 시부모를 잘 모시지 않은 경우, 말이 많은 경우, 도둑질한 경우, 투기한 경우, 악질惡疾이 있는 경우이다. 칠출에 해당하더라도 삼불거, 즉 시부모의 3년상을 함께 마친 경우, 혼인할 때 가난하고 천했다가 뒤에 부유하고 귀해진 경우, 돌아갈 곳이 없는 경우의 3가지 사유가 있을 때에는 버리지 못하도록 규정했다. 또, 의절, 즉 부부간의 의가 끊어지는 상황이 발생하면 처를 버릴 수 있었는데, 이 의절의 상황은 배우자의 조부모·외조부모·백숙부모·형제·고모·자매를 살해한 경우, 남편이 처를 때려 절상 이상의 상해를 입힌 경우, 처가 남편에게 욕하거나 구타한 경우 등이 있다.[80]

조선에서는 『대명률』 출처조의 규정 중 처를 쫓아낸 행위에 대한 형량과 부부에게 다시 함께 살도록 한 부가 규정은 적용했다. 그러나 칠출 등 처를 내쫓아도 처벌받지 않도록 한 사유에 대한 규정은 적용하지 않고, 조선의 자체 기준에 따랐다. 이 기준은 성문화된 규정이 아니라 조선의 지배층 사이에 암묵적으로 통용되고 있던 기준이었다.

조선시대 기처棄妻 처벌 사례를 살펴보면, 태종 대 이전에는 순수하게 처를 버렸다는 이유로만 처벌되지는 않았으며, 『대명률』 출처조를 적용시키지도 않았다. 그런데 세종 대 이후 이유 없이 처를 버리면 원칙적으로 『대명률』 규정에 따라 장 80에 처

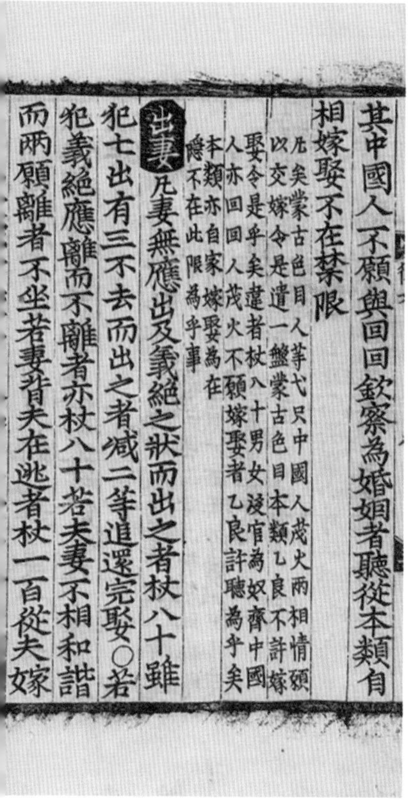
其中國人不願與回回欽察為婚姻者聽從本類自
相嫁娶不在禁限
凡矣蒙古色目人等弋只中國人茂火兩相情願
以交嫁令是遣一盤蒙古色目本類乙良不許嫁
娶令是乎矣違者杖八十男女沒官為奴會中國
人亦回回人茂火不願嫁娶者乙良許聽為乎矣
本類亦自家嫁娶為在
隱不在此限為乎事
出妻 凡妻無應出及義絕之狀而出之者杖八十雖
犯七出有三不去而出之者減二等追還完娶○若
犯義絕應離而不離者亦杖八十若夫妻不相和諧
而兩願離者不坐若妻背夫在逃者杖一百從夫嫁

그림 9 『대명률직해』 호율, 출처조, 소장처: 서울대학교 규장각한국학연구원

하고, 버린 처와 다시 함께 살도록 했다. 칠출은 처를 쫓아내야 할 사유로 기능하지 않았다. 칠출의 음란한 경우와 유사한 처가 실행한 경우, 시부모를 잘 모시지 않은 경우와 유사한 시부모에게 불순한 경우 외에는 이혼 사유가 되기 어려웠다.[81]

태종 대 이전에는 주로 처를 버리고 첩을 처로 삼거나 첩을

들인 경우에 처벌했다. 1395년(태조 4) 장군 김우는 처를 버리고 첩을 짝했다 하여 사헌부의 탄핵을 받아 파직되었다.[82] 그는 처를 버렸을 뿐 아니라 적처와 첩의 명분을 무너뜨리는 행위를 하여 처벌된 것이다. 당시 사헌부에서는 형률에 의해 처벌하기를 청한 것이 아니라 관원으로서 윤리에 어긋난 행동을 했다 하여 탄핵했다. 이에 태조는 그를 파직함으로써 관직에서 물러나게 했다. 그러나 이후 김우는 다시 등용되어 관직 생활을 할 수 있었다.

1406년(태종 6) 첨절제사 정복주는 처를 버리고, 화산군 장사길의 기첩 복덕의 딸과 혼례를 치르고 계실로 삼았다. 사헌부에서는 정복주가 중앙과 지방의 여러 관직을 역임하고 관품이 3품에 이르러 혼인의 예를 모르지 않을 텐데 제멋대로 행동하여 선비의 기풍에 누를 끼쳤다며 직첩을 거두고 형률에 의해 논죄하기를 청했다. 이에 태종은 조강지처를 버리고 천인을 배필로 삼은 그의 행위를 미워할 만한 일이라고 하고, 정복주를 폐하여 민民으로 만든다면 복덕과 신분이 맞아 그 사위가 될 수 있을 것이라며, 삭직하여 민으로 만들었다.[83] 처를 버려 부부의 의를 훼손했을 뿐 아니라 천인인 기첩의 딸을 처로 삼음으로써 사대부의 체모를 손상시키고 신분 질서를 문란하게 했다는 것이 정복주의 처벌 사유였다. 태종은 사헌부에서 청한 대로 형률에 따라 처벌하기보다는 정복주를 삭직함으로써 그의 의사를 존중하면서 사대부들이 민감하게 여길 수밖에 없었던 천인을 처로 삼은 행위의 파장을 무마시키는 방향으로 처분했다. 그러나 정복주가 1420년(세종 2) 연안도호부사에 재직하고 있었다는 사실을 통해 이후 다시 관직에 나아갔음을 알 수 있다.[84]

1413년(태종 13) 장흥고사 곽운도 자식이 있는 정처를 버리고 정용수가 사망한 지 100일도 안 되어 그 첩의 딸 승회를 첩으로 삼았다. 사헌부에서 곽운을 법에 따라 단죄하기를 청하자, 태종은 장 60을 수속收贖하고, 버린 처와 다시 합하도록 처분했다.[85] 곽운은 처를 버렸을 뿐 아니라 아버지 상중인 승회를 자신의 첩이 되게 함으로써 승회가 부모에 대한 도리를 다하지 못하도록 했다는 점에서 이중으로 강상 윤리를 무너뜨리는 행위를 했다.

이렇게 태종 대까지는 처를 버린 행위를 형률에 따라 처벌하는 행정 체계가 정착되지 않았다. 유교 윤리와 형률에 저촉되는 또 다른 행위와 결합되었을 때 처벌하거나 면직한 사례들이 나타나지만 세종 대 이후에 비하면 관대한 처분이었다. 관료층에서도 만나고 헤어지는 것이 비교적 자유로웠던 조선 초의 현실이 반영된 결과로 보인다.

세종 대 이후에는 처를 버리는 행위만으로 형률에 따라 처벌하는 체계가 정착되었다. 조선시대 백관을 규찰하고 풍속을 교정하는 일을 관장했던 사헌부에서는 처를 버리는 행위를 적발하고 조사하여 형량을 구형하는 역할을 했다. 조사 결과 이유 없이 처를 버린 것으로 판단되면 왕에게 계문하여 처를 버린 남편을 장 80에 처하고, 전처와 합하도록 처분하기를 청했다. 첩에 빠져 처를 버린 경우에는 출처율을 적용하여 장 80에 처하기도 했지만 처가 있는데 첩을 처로 삼은 경우에 적용하는 형률을 적용하여 장 90에 처하기도 했다. 사면령이 내리기 전에 있었던 일이라면 처벌하지는 않고, 버린 처와 합하도록 처분하기를 청했다. 이러한 사헌부의 계문에 대해 왕은 대체로 윤허했고, 공신 자손과 같이 형벌을 경감해야 할 대상에게는 감형했다.

실행한 처와의 이혼

세종 대 이후에 일관되게 기처를 인정받을 수 있었던 사유는 처의 실행이나 신분이 문제가 되는 경우였다. 처의 실행은 칠거지악에서는 음란한 경우에 해당한다. 그런데 조선에서 실행이 기처의 사유가 된 것은 칠거지악이 적용되었다기보다는 양반층 여성의 정절이 중시되었기 때문이다. 이 경우 실행 여부를 조사하여 사실이면 그 여성을 처벌했고, 무고誣告라면 남편을 무고율(誣告律)로 처벌했다.

1445년(세종 27) 박자형이 혼수와 외모에 만족하지 못하여 혼인 직후에 처를 버린 사건이 문제가 되었다. 이 사건은 신부의 아버지 전 현감 정우가 "지금 행 사정 박연의 아들 박자형을 사위로 삼았는데, 박자형이 자장(資粧)을 잘 갖추지 못한 것을 불만스럽게 여기고, 또 딸이 뚱뚱하고 키가 작다 하여 실행했다고 핑계 대고 버렸습니다"라고 사헌부에 고하여 조사가 이루어졌다. 세종이 이 사안을 의금부에 내려 의금부에서 실행 여부를 국문했지만 진실을 알아내지 못했다. 사헌부로부터 이러한 상황을 보고받은 세종은 정씨가 진실로 실행했다면 박자형이 정씨를 첫날밤에 바로 버렸어야 하는데 그렇게 하지 않았다며, 박자형이 이부자리와 의복이 화려하지 않은 것을 보고 가난한 것을 싫어하여 실행했다고 핑계 대고 버린 것이 분명하다고 했다. 의금부에서 다시 국문했더니 세종이 추리한 내용이 사실이었다. 결국 박자형에게 무고율을 적용하여 장 60 도 1년에 처하고, 정씨와 다시 합하도록 처분했다.[86]

『대명률』에서는 혼인하지 않은 여성이 남성과 합의하에 성관계를 가지면 간통한 남녀 모두 장 80, 혼인한 여성이 합의하여 간통하면 양측 모두 장 90에 처하도록 했다. 화간(和奸)을 형사처벌이 가능한 범죄로 취급한 것이다. 남성이 여성을 꾀어 가 간통한 경우에는 간통 당사자들을 장 100에 처하도록 했다. 또한 친족 사이의 간통은 매우 무겁게 처벌했다. 조선에서는 양반층 여성의 간통을 무겁게 처벌했다. 태종 대와 세종 대 초반에 남편이 있는 사족 여성이 간통하자 참형에 처했던 것이 그러한 조치이다. 앞서 언급했던 전의 판관 황순지의 처 세은가이와 같이 사족 여성이 아니더라도 관원의 처가 간통한 경우 남편을 떠나 개가한 행위에 대한 형률을 적용하여 교형에 처하기도 했다.

1427년(세종 9)에 있었던 감동, 금음동, 동자의 간통 사건부터는 간통한 여성들을 극형에 처하지 않았다. 남편이 있음에도 불구하고 39명의 남성들과 간통한 감동에게 사헌부에서는 남편을 배반하고 도망하여 개가한 형률을 적용하기를 청했지만 세종이 극형만은 면하게 하고자 하여 장을 치고 변경 고을의 노비로 삼았다. 처녀였던 금음동과 동자는 『대명률』에 의해 조율하여 처벌했다. 다만 금음동과 간통한 양자부가 시마친이었기 때문에 『대명률』 형량에 따른다 하더라도 금음동, 양자부 모두 장 100도 3년의 처벌을 받아야 했다. 사헌부에서는 친족 간에 간통한 이들에게 형률 외로 무겁게 처벌하기를 청했지만 세종은 형률대로 시행하라고 명했다.[87] 그리고 이듬해에는 감동, 금음동, 양자부의 천역을 면제하고 먼 지방에 안치하도록 명했다.[88]

그런데 성종 대에는 간통한 사족 여성을 교형에 처하는 방향으로 선회했다. 연산군 대에는 간부奸婦뿐 아니라 간부奸夫까지 교형에 처하도록 했고, 1512년(중종 7) 옥종 간통 사건을 계기로 사족 여성 간통에 대한 처벌이 법제화되었다.[89] 그리하여 1542년(중종 37) 발간된 『대전후속록』에는 "사족 부녀가 음욕을 자행하여 풍교를 어지럽히면 간부奸夫와 함께 교형에 처한다"라고 규정되었다.[90] 조선 사회에서 사족 여성이 간통하면 그 행위 자체만으로 사형을 당해야 할 범죄가 되었던 것이다. 이러한 분위기에서 사족 여성의 실행은 가장 강력한 이혼 사유가 되었다.

1428년(세종 10)에도 박자형 사건과 비슷한 일이 있었다. 군자 부정 방구달이 혼인 며칠 만에 처 김씨의 외모가 추하다고 처녀가 아니라고 하고 버린 사건이었다. 의금부에서 조사하여 처녀가 아니라는 말이 거짓이라는 것이 밝혀지자 역시 무고율을 적용하여 방구달을 장 60 도 1년에 처하고, 버린 처와 다시 합하도록 했다.[91]

처가 실행했다고 사칭하고 버린 모든 사례에 무고율을 적용했던 것은 아니다. 1430년(세종 12) 김달지가 비첩을 사랑하여 처 권씨가 실행했다고 사칭하여 버린 사건에서는 조사와 양형을 담당한 형조에서 김달지에게 장 90에 처하기를 청하는 계문을 올렸다. 조선에서는 첩을 사랑하여 처를 버리거나 소박한 경우에 장 90에 처했는데, 이 형률을 적용했던 것으로 보인다. 그러

나 최종 형량은 김달지가 원종공신의 아들이라 하여 직첩을 거두고 외방에 부처하는 것에 그쳤다.[92]

조선에서 처의 실행은 관에서 기처를 승인하는 사유가 되었다. 그런데 버려진 처 입장에서는 실행했다는 남편의 주장에 반박하지 않아 실행녀로 낙인찍히게 되면 윤리적으로 비난받게 되거나 처벌될 수 있었다. 따라서 남편 측에서 실행했다고 무고하여 처를 버린 경우에 처의 집안에서는 소송을 제기하여 누명을 벗고자 했다. 이 경우 관에서는 실행 여부를 조사하여 조사 결과에 따라 처벌 여부와 기처 승인 여부를 결정했다.

시부모에 불효한 처와의 이혼

효를 모든 행동의 근본으로 중시했던 조선 사회에서는 시부모에 대한 불효도 기처의 사유가 될 수 있었다. 이에 따라 시부모가 며느리를 내쫓은 경우나 시부모에 불순하여 처를 버린 경우에 기처를 인정해 준 사례도 나타났다.

1426년(세종 8) 사헌부에서는 전 호군 김외가 조강지처 윤씨를 버리고 김온의 딸과 혼인한 사건을 조사했다. 심문이 이루어지자 김외는 아버지의 명이 있었고, 노모에게 순종하지 않았기 때문에 윤씨를 버렸다고 답했다. 사헌부에서 이 말을 검증해 본 결과 1418년(태종 18) 김외의 아버지가 대를 이을 아들이 없다며 다시 혼인하라고 서한을 보낸 적이 있었지만 김외는 윤씨를 버리지 않았고, 1421년(세종 3) 아버지가 사망하자 김외와 윤씨가 함께 3년상을 치렀다는 사실을 파악했다. 이에 따라 사헌부에서는 김외가 아버지의 명을 거스르기 어려워 후사를 얻고자 윤씨를 버린 것이 아니라 가난한 것을 싫어하여 부유해지려고 했던 것이 분명하다고 판단했다. 또, 윤씨가 김외의 어머니와 살고 있었는데, 김외가 기별 문서를 보냈는데도 윤씨를 내쫓지 않다가 김외가 김씨와 혼인하자 그때서야 내보냈다는 사실을 파악하고 윤씨가 시어머니에게 불순하지 않은 것이 분명하다고 결론 내렸다. 사헌부에서는 이러한 조사 결과와 함께 김외에게 윤씨와 다시 합하여 살도록 처분하기를 청하는 계문을 올렸다. 이 보고에 기반하여 의정부와 6조 관원들의 논의가 이루어졌는데, 김외와 윤씨가 다시 합하도록 처분해야 한다는 의견과 합하도록 해서는 안 된다는 의견이 갈렸다. 결국 세종은 아버지의 명이 있었다는 점과 김외가 40세가 되도록 아들이 없다는 것을 불쌍하게 여겨 사헌부의 주청을 윤허하지 않았다.[93]

이렇게 효를 중시하는 조선 사회에서 부모가 내쫓으라고 명했다거나 처가 부모에게 불순한 것은 기처 사유가 되기도 했다.

그런데 며느리를 내보낼 의사가 없었다 하더라도 아들이 지속적으로 처를 버리려 한다면 아들의 뜻에 동조하게 될 가능성이 있었다. 아들이 처를 버린 후라면 기처로 처벌받지 않고 안정적으로 관직 생활을 할 수 있도록 자신이 며느리를 내쫓았다거나 며느리가 자신에게 불순했다는 증언을 하게 될 가능성도 있었다. 따라서 사헌부에서는 자의로 이유 없이 처를 버렸으면서 부모의 뜻에 따른 것으로 위장한 것인지, 부모에게 불순했다거나 부모의 명이 있어 처를 버린 것인지 조사했다. 김외의 사례에서는 조사 결과 전자라고 판단하여 윤씨와 다시 합하도록 처분하기를 청했다.

김외의 사건을 조사했던 사헌부에서는 김외의 아버지가 윤씨를 버리라는 명을 내렸었는지, 윤씨가 시어머니에게 불순한 적이 있었는지보다 김외가 어떤 의도와 계기로 윤씨를 버렸는지에 더 중점을 두어 입장을 정했다. 남편이 부부의 의를 지키고자 했는지에 초점을 둔 것이다. 그러나 의정부와 6조의 논의에서는 실제로 아버지의 명이 있었다는 점을 중요하게 생각하는 관원들이 있었던 것으로 보인다. 그리고 세종은 아버지의 명이 있었다는 점과 마흔 살이 되도록 아들이 없다는 것을 함께 고려하여 처를 버린 행위를 용인했다. 세종이 김외의 기처를 승인한 이유를 파악하기 위해서는 이 판결이 이루어진 시기에 대해 살펴볼 필요가 있다.

　김외의 아버지가 처를 버리고 재취하라는 내용의 서한을 보낸 시기는 중혼이 금지된 지 5년 후로, 처가 있는데 다시 처를 맞이하는 것이 불가능해진 시기였다. 아직 기처를 엄격하게 처벌하지 않았던 때였고, 양반층 여성이라 하더라도 남편과 기별하면 재가할 수 있었던 시기이기도 했다. 이러한 상황에서 김외의 아버지가 적손을 보고자 했다면 아들과 며느리를 헤어지게 하고 재취하게 하는 것이 최선의 방책이라고 생각했을 것이다. 김외의 기처를 승인해야 한다고 주장한 관원들과 세종도 이에 공감했을 수 있다. 이를 고려한다면 이후에도 같은 판결이 내려졌을 것이라고 판단하기는 어렵다. 남편이 부부의 의를 훼손하지 않았는지에 초점을 두어 판단했던 주무 관사 사헌부의 입장이 관철되었을 가능성을 예상해 볼 수 있다.

　1470년(성종 1) 구영안은 어머니의 명을 칭탁하여 처 신씨를 버렸다.[94] 구영안이 처가에 왕래하지 않자 그 친구들이 신씨가 실행했다고 의심하고 소문을 냈는데, 구영안이 이 소문을 믿고 어머니의 명을 칭탁하여 처를 버린 것이다. 그러자 신씨의 집안에서 사헌부에 고하여 조사가 이루어지게 되었다.[95] 이 사건의 조사를 맡게 된 의금부에서는 기처가 사면령이 내리기 전에 있었던 일이라 하여 형량은 부과하지 않고 구영안과 신씨는 다시 합하도록 하기를 청하여 윤허를 받았다.[96] 구영안이 어머니의 명을 칭탁하여 처를 버렸다 하더라도 처가 실행했다고 의심한 데서 비롯된 일이기 때문에 처의 실행이 사실이 아니라고 판명되자 어머니의 명은 기처 사유로 인정되지 못한 것이다.

이듬해인 1471년(성종 2) 구영안과 그 어머니 최씨 자매가 강상을 범했다 하여 의금부에서 의금부, 사헌부, 사간원 3관사의 추국을 받았다. 구영안에게 신씨와 다시 합하도록 했는데, 그가 이모 금이와 모의하여 이문의 딸과 몰래 통간하고 혼례까지 치렀다는 사실이 발각된 것이다. 결국 구영안을 먼 변방의 군인으로 소속시키고, 이씨와 이이시켰다. 또, 함께 모의한 금이는 외방에 부처했다.[97] 구영안은 1474년(성종 5)에 방면되었으나[98] 이 일로 과거에 응시할 수 없게 되었다가 1481년(성종 12) 사로仕路에 허통하라는 왕명으로 과거에 응시할 수 있게 되었다.[99]

구영안의 사례를 통해 알 수 있듯이 부모의 뜻에 따라 처를 버렸다 하더라도 이것이 거짓이나 오해에서 비롯된 경우에는 기처를 인정받지 못하고, 처벌되었다. 또, 처와 혼인 관계가 해소되지 않은 상태에서 다시 혼인한 경우에는 처를 버린 남편뿐 아니라 이에 동조하거나 지시한 부모도 함께 처벌될 수 있었다.

이렇게 부모의 명이 있었다거나 처가 부모에게 불순했다며 처를 버린 경우 담당 관사에서는 부모의 명이 부부의 의를 훼손하지 않는 타당한 명이었는지, 처가 시부모에게 불순했는지를 조사하여 기처 승인 여부를 결정했다. 그런데 기처 승인 여부와 처를 버린 자의 처벌에 대한 최종 판결 권한은 왕에게 있었다. 따라서 공신, 외척, 고위 관료 본인이나 아들이 부모의 명으로 처를 버렸다고 했을 때 미심쩍은 부분이 있더라도 이를 승인하는 왕명을 내리는 경우도 있었다.

1463년(세조 9) 사헌부에서는 공조 정랑 정숭조와 세자 참군 심정원의 기처 사안에 대한 조사를 청했다. 그들이 이유 없이 처를 버렸는데, 사정을 물으니 부모가 부도婦道에 합하지 않는 다며 쫓아냈다고 하고 기처 사유를 상세하게 말하지 않는다는 것이었다. 세조는 처음에는 윤허했으나 그날 다시 이 명을 번복했다. 정숭조의 처는 정숭조의 아버지 정인지가 부도에 합하지 않아 내쫓았다고 하고, 심정원의 처는 심정원의 아버지 심결이 며느리에게 불가한 정상이 있어 내쫓았다고 했다며, 한 집안을 다스리는 권한은 아버지에게 있는데 아버지가 그 며느리를 불 가하다고 하여 내쫓았으니 아들의 죄가 아니라며 국문을 허락 하지 않은 것이다. 이후로도 사헌부에서는 실상을 조사해야 한 다고 여러 차례 청했지만 세조는 윤허하지 않았고, 심지어 사헌 부 관리를 의금부에 가두어 국문하라고 명하기까지 했다.[100]

사헌부의 입장은 이 일은 강상에 해당하고 뒷날 부모의 명을 핑계로 함부로 처를 내쫓을 전례를 제공할 수 있다며, 이들이 처를 내쫓은 이유를 조사하여 처에게 죄가 있다면 처를 처벌하고, 이유 없이 처를 버렸다면 정숭조와 심정원을 처벌해야 한다는 것이었다. 그러나 정숭조의 아버지는 정난 공신과 좌익 공신에 책훈되었던 하동 부원군 정인지였고, 심정원은 세조의 외삼촌이자 좌익 원종공신인 판중추원사 심결이었다. 이렇게 세조의 측근인 공신과 외척이 자신이 직접 며느리를 내쫓았다고 하자 세조는 조사조차도 하지 못하게 하고, 기처를 승인했던 것이다. 1457년(세조 3)에 장천군 이승평이 며느리를 내쫓았다고 상언하여 기처를 승인받은 사건도 이와 비슷한 사건이라 할 수 있다.

기처 규제의 효과와 한계

조선의 기처 처벌 체계가 정착된 세종 대 이후 사헌부에서는 이유 없이 처를 버렸다고 판단되면 형률에 따라 처를 버린 자를 처벌하고, 버린 처와 합하도록 처분했다. 처의 실행이나 부모의 명으로 처를 버린 경우에는 기처를 인정하기도 했는데, 이 경우에도 사헌부에서는 실행 여부, 부모 명의 타당성을 충분히 조사한 후 처벌할지 기처를 승인할지 여부를 판단했다. 조선 전기 사헌부에서는 남편이 처를 버려 부부의 의를 지키지 않은 것을 징계하는 방향으로 판단하는 경우가 많았지만 최종 판결을 하는 왕은 간혹 사헌부와는 다른 판단을 하는 경우도 있었다. 특히 공신, 외척, 고위 관원 등 왕과 지근거리에 있는 대신들이 자신이 며느리를 내쫓은 것이라고 항변하는 경우 이들의 의사를 존중하여 기처를 승인하는 사례가 나타나기도 했다.

조선 정부에서는 특별한 경우를 제외하고는 기처를 승인해주지 않고 처를 버린 자를 처벌했고, 버린 처와 다시 합하여 살도록 처분했다. 그러나 그 이상의 행정 조치를 취하지는 않았기 때문에 실제로 다시 함께 사는 경우가 많지 않았다. 다만 관직을 제수받을 때 처를 버린 행적과 재결합의 명을 받고서도 함께 살지 않는 것이 문제가 될 수 있었다. 또한 구영안의 사례에서처럼 재결합 처분을 받았는데 다른 여성과 혼인한 경우, 적발되면 처벌되었다.

그렇다면 사망 후에 기처 사실이 문제가 되는 경우는 어떠했을까? 성종 대 홍윤성의 후취 김씨의 적첩 분간에 대한 논의에서 그 일단을 파악할 수 있다. 홍윤성은 세조가 정권을 잡고 즉위하는 데 공을 세워 정난 공신과 좌익 공신에 책훈되고, 성종 즉위 후에는 좌리 공신에 책훈되었던 권신이었다. 그는 전취인 남씨를 버렸다고 하고서 김씨를 후취로 맞이했지만 그 생전에 사헌부에서 처를 버린 행위를 문제 삼지 않았다. 그런데 홍윤성 사후 김씨를 첩으로 논정할 것인지, 처로 논정할 것인지가 문제가 되었다.

대간들은 홍윤성이 남씨와 헤어지지 않은 상태에서 김씨를 처로 맞이했을 것이라고 의심했다.[101] 남씨와 김씨 가문의 위상은 비슷하다고는 하지만 대간의 의심대로라면 김씨의 신분이 어떠하든지 간에 첩으로 논정될 수밖에 없었다. 김씨가 홍윤성의 후취로 인정받기 위해서는 홍윤성이 남씨를 버린 후에 김씨를 처로 맞이했다는 것이 증명되어야 했다. 문서상의 증거로는, 남씨의 상언에서 김씨를 '첩'이라고 했고, 홍윤성 생전에 김씨에게 준 문서에서는 남씨를 '전처'라고 칭했다.[102] 또, 김씨는 명부命婦로 궐에 출입하기도 했지만 남씨와 김씨 모두 외명부 작첩을 받지는 않았다.[103] 이러한 상황에서 대간들은 혼례를 제대로 갖추지 않고 김씨를 맞이했다는 점, 남씨가 시아버지 상례에 참여했다는 점 등을 들어 김씨를 첩으로 논정해야 한다고 주장했다.

그러나 정승들은 아버지의 명으로 남씨를 내쫓았으니 대의가 정해졌다는 점, 홍윤성이 남씨와 따로 거주하고 김씨와 함께 거주한 것은 사람들이 모두 알고 있는 일이라는 점, 남씨와 김씨의 문지가 비슷하다는 점, 김씨가 명부가 된 지 오래되었다는 점 등을 거론하며 처로 논정해야 한다고 주장했다. 대간들이 첩으로 논정해야 한다고 주장하면서 제시한 근거에 대해서도 나이 들어 다시 혼인한 것이 부끄러워 혼례를 간략하게 했을 것이라는 점, 딸이 있으니 남씨가 시아버지 상에 거상한 것은 당연하다는 점을 들어 반박했다. 이에 성종은 김씨를 후처로 논정했다.[104]

이 사안에서는 홍윤성이 정당하게 처를 버렸는지에 대해서는 논의되지 않고, 후취의 적첩 문제만 논의되었다. 사망하여 기처 당사자를 징계할 수 없는 상황에서 홍윤성 가에서는 스스럼없이 홍윤성이 아버지 명으로 남씨를 버렸다고 주장할 수 있었고, 이 증언은 후취 김씨를 처로 논정하는 주요 근거가 되었다.

양반층에서 이유 없이 처를 버린 경우 처벌하고 재결합하도록 하는 기처 규제 정책이 시행되고 정착되면서 양반층의 기처는 완전한 혼인 관계 해소를 의미하지는 않게 되었다.

조선 정부에서는 기처의 승인을 극도로 제한했지만 현실에서는 여러 변수가 발생했다. 예를 들어 관에서는 아들이 없다며 처를 버리는 경우 기처를 승인해 주지 않았지만 현실에서는 아들이 없어 처를 내보내고 불효 등의 다른 사유를 표방하는 경우

그림 10 담와 홍계희의 〈평생도〉 6폭 병풍 중 6번째 회혼례回婚禮 그림, 소장처: 국립중앙박물관

회혼례는 혼례 60돌 되는 해에 부부가 혼례복을 입고 혼례 의식을 재현하며 자손들로부터 헌수를 받고 친지에게 축하를 받았던 의식으로 〈평생도〉에 자주 등장하는 그림이다. 조선시대 사람들의 부부 해로에 대한 인식을 엿볼 수 있다.

도 나타났다. 또 한편으로는 처를 버리는 행위가 부부의 의를 저버린 행위로 여겨지고 기처가 엄격하게 규제됨에 따라 실제로는 남남처럼 지내면서도 명목상의 부부 관계를 유지할 수 밖에 없는 경우도 많았다.

1477년(성종 8) 이후 양반층 여성의 재가가 거의 불가능해지면서 처를 버리는 것은 또 다른 도의적 부담을 지는 일이 되었다. 헤어지면 다시 혼인할 수 없는 처를 버리는 것은 처의 인생을 망치는 일이 될 수 있었던 것이다. 더구나 양반층의 혼인은 가문과 가문의 결합이기도 했기 때문에 처가와의 관계도 고려해야 했다. 따라서 이전보다 기처를 신중하게 고려해야 할 필요가 있었다.

기처 규제 정책을 비롯한 조선 전기 부부 관계에 관한 정책들은 조선시대 양반층에서 종신토록 해로하는 부부상이 갖추어지는 기반이 되었다.

4

조선 후기
사회 변화와
이혼 판결

속환贖還되어 온 여성과의 이혼

　임진 왜란과 정묘·병자 호란으로 인적·물적 피해가 발생했을 뿐 아니라 전쟁의 피해를 수습하는 과정에서 조선의 사회상에도 많은 변화가 나타났다. 특히 유교적 명분이 강조되면서 남편에 대한 의의 실천으로서 정절 관념이 더욱 중요해지게 되었다. 이에 따라 점차 남편을 따라 자결하는 여성의 극단적인 열행이 칭송의 대상이 되기도 했다.

　조선 전기에도 처의 실행은 가장 대표적인 기처 사유가 되었을 만큼 남편을 저버린 악행으로 여겨졌다. 그런데 점차 자의로 간통한 경우뿐 아니라 여성이 정절을 잃은 것 자체를 잘못된 행위로 인식하는 분위기가 확산되었다. 이에 그치지 않고 양반층 여성은 정절을 잃었을지 모른다는 의심만으로도 배척당했다. 이는 전쟁 중에 왜군이나 청군에 잡혀갔다 돌아온 여성과의 이혼에 대한 지배층의 인식에서 잘 드러난다.

임진 왜란 이후에는 왜군에게 잡혀갔다 돌아온 여성들과의 이이를 허락하지 않았다. 또한 전쟁 중에 화를 면한 집안에서 왜군에게 침탈당한 사대부가 여성들과 혼인하지 않으려 하자 선조는 종실과 귀척貴戚들에게 이러한 집안과 혼인 관계를 맺도록 권하기도 했다고 한다.[105] 그러나 정묘 호란과 병자 호란 이후에는 청군에 잡혀갔다 돌아왔다는 사실만으로 정절을 잃었다는 인식이 대세가 되어 갔다.

1638년(인조 16) 3월 신풍 부원군 장유는 예조에 단자를 올려 아들과 며느리를 이이시켜 주기를 청했다. 청에 잡혀갔다가 속환贖還되어 온 며느리가 친정에 있는데, 그대로 아들의 배필로 두어 선조의 제사를 함께 받들게 할 수 없다며, 이이시켜서 다시 처를 맞이할 수 있게 해 달라고 청한 것이다. 한편, 전 승지 한이겸은 사위가 속환되어 온 딸을 버려 두고 다시 혼인하려 하자 종에게 격쟁하게 하여 원통함을 호소했다.[106] 장유는 속환되어 온 며느리와 아들을 이이시키기 위해 예조에 청원했고, 한이겸은 사위가 속환되어 온 딸을 버리고 다시 혼인하려 하자 이를 막아 달라고 왕에게 호소했다. 아들을 가진 아버지 장유는 관으로부터 아들 부부의 이이를 허락받아 뒤탈을 없애고자 했고, 딸을 가진 아버지 한이겸은 딸이 다시 사위와 함께 살기를 바랐다. 그러나 관의 입장에서 이 두 청원은 모두 속환된 처를 버리고 다시 혼인하려고 한 데서 비롯된 청원이라는 점에서 같은 사안이었다. 만약 왕이 한이겸 측의 격쟁을 들어주지 않는 것으로 판결한다면 관에서 사위의 기처를 승인한 것으로, 이이시킨 것이나 마찬가지가 되는 것이었다.

장유는 예조에 청원했기 때문에 예조에서 처분해야 했다. 한이겸 측은 격쟁을 했기 때문에 혼인을 관장하는 관사인 예조의 심의 과정을 거치기는 하지만 최종적으로 왕이 판결해야 했다. 장유의 청원 사안은 예조에서 이이 청원을 들어주지 않고 기각한다면 더 이상 논의가 이루어지지 않고 마무리될 수 있었다. 그러나 예조에서 논의해야 할 사안이라고 판단한다면 왕에게 계문하여 대신들에게 의논하게 하기를 청할 수 있었다. 예조에서는 후자를 선택했다. 한이겸 측의 격쟁은 일반 격쟁 처리 절차를 거쳤다. 격쟁을 처리하는 관사인 형조에서, 주무관사인 예조에서 처리하게 하자고 인조에게 계문했고, 예조에서는 왕명을 받아 이 사안을 심의하여 그 결과를 다시 계문했다. 예조에서는 대신에게 의논하게 하기를 청했다. 부부 관계는 매우 중

대한 데다 청에 잡혀갔다 돌아온 사족 부녀가 한두 사람이 아니어서 조정에서 충분히 잘 따져 보고 결정해야 한다는 것이 예조의 입장이었다.

따라서 비슷한 시기에 올라온 같은 사안의 이 두 청원은 함께 논의되었다. 더구나 이 두 사안은 고위직 관원들이 같은 사안에 대해 서로 반대되는 입장에서 올린 청원이기 때문에 사회적 파급효과가 클 수밖에 없었다. 이로써 이 판결은 이후 청에 잡혀갔다 속환된 여성과의 이이 청원에 대한 처리 지침이 되는 판결이 되었다.

대신들의 논의 과정에서 좌의정 최명길은 이이시켜서는 안 된다는 주장을 적극적으로 폈고, 인조는 이 의견을 따랐다. 그런데 이 사실을 기록한 사관은 "100년을 지켜 온 나라의 풍속을 무너뜨리고, 삼한을 들어 오랑캐로 만든 자는 명길이다"라고 하면서 맹비난했다.[107]

최명길은 우선 지난해에 비변사에서 예전 사례를 인용하여 청군에 잡혀갔던 여성들을 이혼시킬 수 없다고 계문했고, 인조도 이렇게 전교했다는 사실을 거론했다. 또한 임진 왜란 후 선조 대의 전교가 지난해 인조의 이 전교와 서로 부합한다고 하며 선조 대의 사례를 거론했다. 그 한 사례는 임진 왜란 후에 한 종친이 상소하여 이이를 청했는데 선조가 허락하지 않았다는 것

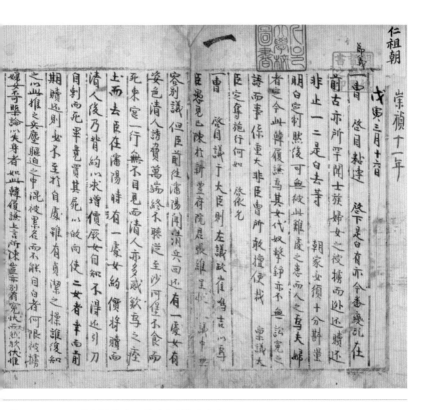

『충효등록忠孝謄錄』에 수록된 장유, 한이겸의 청원 사안, 소장처: 서울대학교 규장각한국학연구원

이었다. 또 한 사례는 한 문관이 처가 왜군에게 잡혀가자 다시 혼인했는데, 그 처가 쇄환되어 오자 선조가 후취를 첩으로 삼았다가 그 처가 사망한 후에 정실로 올리도록 처분했다는 것이다. 또, 재상이나 조관朝官 중에 왜군에 잡혀갔다가 돌아온 처와 살면서 아들, 손자를 낳아 명문거족이 된 자도 왕왕 있다고 했다.

그리고 이에 대해 "예禮는 정情에서 나오므로 때에 따라 마땅함이 다르니 한 가지 예例에 구애받을 수 없기 때문"이라고 하며, 청에서 돌아온 여성을 실행한 여성과 동일하게 대하는 것에 반대했다.

최명길은 청에서 돌아온 여성들은 실행한 여성과 다르기 때문에 그들과의 이이를 허락하지 않아야 하는 것은 물론이고, 아들과 손자의 관로를 막지 않아야 한다는 입장을 보였다. 『경국대전』에서 실행한 여성이나 재가한 여성의 자손들에 대해 관직 진출을 제한했는데,[108] 청에서 돌아온 여성들은 이 규정의 적용을 받지 않아야 한다는 방향성을 함께 제시한 것이다.

또, 최명길은 속환되어 온 여성들을 이이시키게 되면 조선 여성의 속환이 순조롭게 이루어지지 않을 것이라며 염려했다. 부모나 남편이 청에 잡혀간 여성들을 돈을 주고 데려오는데, 이이를 명하게 된다면 속환하려는 사람이 없게 되어 많은 여성들이 이역의 귀신이 될 것이라고 했다. 이는 남편 한 사람이 원하는 것을 이루고 100집에서 원통함을 품게 하는 것이라며, 화기和氣를 상하게 하는 일이라고 주장했다.

그렇다고 해서 청군에 잡혀갔다가 정절을 잃은 여성까지 이이시키지 말아야 한다는 의견을 개진하지는 않았다. 대신 청에 잡혀갔다 왔다고 해서 모두 정절을 잃은 것은 아니라고 주장했다. 청군에 잡혀갔지만 정절을 지키다가 결국 자결한 처녀들의 사례를 거론하며 늦기 전에 청군에 잡혀간 사람들을 빨리 속환해야 한다는 점과 정절을 잃었다는 누명을 뒤집어쓴 사람이 많을 것이라는 점을 함께 피력했다. 그리고 한이겸도 억울한 점이 있어서 호소했을 것이라고 했다.

최명길은 속환되어 온 여성은 실행한 여성과 다르고, 그 자손도 실행한 여성의 자손과 같은 기준으로 대우하지 않아야 한다는 것, 이이를 청원한 남편의 소원을 들어주기 위해 청에 잡혀간 여성들의 원통함을 방치하지 않아야 한다는 것, 청에 잡혀간 여성들이 모두 정절을 잃은 것은 아니라는 것 등 이 사건의 판단 기준을 제시했다. 사관은 이 중 속환되어 온 여성은 실행한 여성과 다르다는 주장과 청에 잡혀간 여성들이 모두 정절을 잃은 것이 아니라는 주장에 대해 강력하게 반박했다.

"충신은 두 임금을 섬기지 않고 열녀는 두 지아비를 고쳐 맞지 않으니, 이는 절의가 국가에 관계되고 우주의 동량棟樑이 되기 때문이다. 청에 잡혀갔던 여인들은 비록 그 본심이 아니었다고 하더라도 변을 만나 죽지 않았으니, 정절을 잃지 않았다고 할 수 있겠는가"라고 하며, 청에 잡혀간 여성이 죽지 않고 돌아온 것 자체가 정절을 잃은 것이라고 주장했다. 이러한 전제하에 "이미 정절을 잃었으면 남편의 집과 의가 끊어진 것이니, 결단코 억지로 다시 합하게 하여 사대부의 가풍을 더럽힐 수 없다" 라고 하며, 정절을 잃은 부인과 억지로 합하게 할 수 없다고 했다. 정절을 잃은 부인과 다시 함께 살며 부모를 모시고 종사를 받들고 자손을 낳고 가계를 이어 나가는 것은 이치에 맞지 않다는 것이 이 사관의 주장이었다.

장유와 한이겸의 청원에 대해서는 최명길의 의견이 받아들여져 이이가 허락되지 않았다. 그러나 이후 청에 잡혀갔다 돌아온 여성과의 이이 사안은 다시 논의되었다. 1638년(인조 16) 5월에 홍문관 관원들과 특진관 조문수가, 6월에 사헌부 관원들이 이에 대한 의견을 개진했다. 청군에 잡혀갔던 여성들은 남편 집안에 대의大義가 끊어졌으니 다시 억지로 합하게 하여 사대부의 가풍을 더럽힐 수 없다는 것이 이들의 입장이었다.[109]

홍문관 관원들은 이이를 허락하지 않았던 이전의 조치들이 그 여성들이 의지할 곳이 없다는 것을 가엾게 여긴 처사라고 했다. 그러나 사람들이 여기저기에서 그 여성들을 의심하는 말들을 하여 풍속을 해친다며, 일률적으로 이이하게 할 수는 없더라도 다시 처를 맞이하든지 그대로 함께 살든지 뜻대로 하게 해야 한다고 주장했다.[110] 사헌부에서도 청군에 잡혀갔던 여성들을 모두 이이시킨다면 그 여성들이 원통함을 품게 될 것이고, 재취를 허락하지 않는다면 의에 합당하지 않다며 변통해야 함을 주장했다. 즉, 일률적으로 이이시키지는 않되 재취를 원하는 사람의 청원은 들어주어야 한다고 한 것이다.[111]

예조에서도 이에 대해 심의한 후 언관들의 주장에 동의하는 내용으로 계문했다. 이에 인조는 이날 바로 대신들에게 의논하도록 했다. 영돈녕부사 이성구, 좌의정 최명길, 우의정 신경진이 논의에 참여했는데, 이성구와 신경진은 이이를 원하면 들어주자는 방향으로 논의했고, 최명길은 한 나라의 법을 나누어 둘로 만들면 안 된다고 했다.

이성구는 부인들이 의지할 곳을 잃는 것은 불쌍하지만 남편의 후사가 끊기는 것도 생각해야 한다고 했다. 처가 버림을 당했는데 국가에서 이이를 허락하지 않아 남편이 혼인하지 않으면 양쪽 모두 홀로된 것을 원망하게 된다며 양쪽 모두 막기보다는 한쪽이라도 허락하게 하는 것이 낫다고 했다. 즉, 사대부가에서 정리가 절박한 자는 상언하게 하여 왕명을 받아 이이할 수 있는 길을 터 주자고 주장했다. 신경진은 나라 사람 태반이 관련되어 있으니 도둑질과 같은 범법 행위와는 다르다고 하고, 그 중에는 온전히 정절을 지킨 자가 있을 것이라고 했다. 모두 이이하게 하여 홀로되는 원통함이 있게 해서는 안 된다며 당사자들의 뜻에 맡기는 것이 낫다고 했다.

최명길은 전에 제시한 의견은 선대 왕과 현신賢臣들의 행적에 따라 광부曠夫와 원녀怨女가 각각 의지할 곳을 얻게 하고자 한 것이라고 하고, 3사와 예조 관원들이 논의한 것이 이와 같으니 자신의 의견만 옳다며 행하게 할 수 없다며 한걸음 물러섰다. 그러면서도 한 나라의 법을 나누어 둘로 행하는 것이 타당하지 않다는 의견을 제시했다.

이에 인조는 선대의 조치에 따라 정탈하여 시행하라고 하며, 이이를 허락하지 않는다는 방침을 그대로 유지했다. 그러자 비변사에서는 법은 모든 사람에게 고르게 적용해야 하는데, 한두 거족巨族을 위해 저것은 취하고 이것은 버리는 일이 있어서는 안 될 듯하다고 입장을 정리하는 계문을 올렸다. 인조는 이 의견에 따랐다.[112]

논의 과정에서 삼사 및 예조 관원들과 일부 대신들에 이르기까지 많은 관원들이 청에 잡혀갔다 돌아온 여성들은 남편 집안에 의가 끊어졌다고 전제하며 이들의 이이 사안에 대해 논의했다. 그러나 전쟁 중에 잡혀갔다 돌아온 그 많은 여성들에게 혼자 살도록 강제할 수 없다는 현실적인 이유로 일률적으로 이이시키자고 주장하지는 않았다. 이이를 원하는 사람에게는 그 청원을 들어주자는 것이 이들의 입장이었다.

이들의 주장은 처가 남편에게 절의를 지켜야 한다는 명분에 의한 것이지만 실제로 이는 당시 양반 관료 집단 공동의 이해관계 때문이기도 하다. 이들 중에는 여성들이 청군에 잡혀갔던 일을 전쟁 중에 발생한 어쩔 수 없는 일로 보아 일반 실행과는 다르다는 의견을 편 이도 있고, 사로잡혀 갔다가 죽지 않고 돌아온 것 자체가 정절을 잃은 것이라고 주장한 이도 있었지만 이들 모두 이 여성들이 남편 집안에 의가 끊긴 것이라고 주장했다. 여성의 책임을 크게 보지 않은 사람들도 전쟁 중에 그 여성이 당한 부당한 피해보다는 남편 집안의 입장을 우선적으로 고려하는 모습을 보인 것이다.

조선시대 지배층에게 양반 여성의 정절은 양반층의 도덕적 우월성 확보를 위해 절대적으로 지켜져야 하는 가치였다. 처의 실행이 대표적인 기처 사유가 될 수 있었던 것도 이 때문이었다. 이러한 시대상 속에서 처의 실행 여부와는 별개로 정절을 잃었을 것이라고 의심받는 처와 혼인 관계를 유지한다는 것은 양반 관료 가문으로서의 위상에 흠이 가는 일이었다. 또, 처가 정절을 잃었을 것이라는 의심을 받아 자손이 관직에 나아가기 어려워질 수 있다는 점은 가문 입장에서는 수용하기 어려운 일이었다. 당시 관원들에게는 남편에게 버림받으면 다시 혼인할 수조차 없는 양반층 여성 개인의 처지보다 남편 집안의 난감한 입장이 더 중요했다.

이는 영의정 이성구의 논의에서 잘 나타난다. 처가 이미 버림을 당했는데, 남편이 이이 허락을 받지 못해 다시 혼인하지 못하게 되면 양쪽 모두 홀로된 것을 원망하게 된다며 양쪽 모두 막기보다는 한쪽이라도 허락하게 하는 것이 낫다는 주장에서 남편 측의 난감한 상황을 구제하는 것을 우선시했음이 드러난다. 처를 버리면 그 여성 한 사람의 삶만 고단해지지만 처를 버리지 않으면 남편 가문 전체의 위상이 흔들리는 피해를 입는다고 판단한 것이다.

모두를 위해 운용되어야 할 법이 한두 유력 가문을 위해 운용되는 것은 타당하지 않다는 비변사의 마지막 계문 내용에는 속환되어 온 여성과의 이이 청원을 들어주자는 주장은 그 여성으로 인해 유력 가문의 위상에 흠이 가지 않게 하기 위한 대응이라는 인식이 투영되어 있다.

여성의 정절을 통해 지배층의 윤리의식을 증명하고자 구축해 왔던 사회질서를 조금이라도 바꿀 필요가 있다는 의견은 어느 누구도 개진하지 않았다. 사실 당시 시대상을 고려한다면 할 수 없는 일이었다고 하는 것이 더 타당할 것이다. 조선의 많은 관원들은 청에서 속환되어 온 여성들의 이이 사안을 다루면서 사족 여성의 정절을 중시해 온 기존 질서를 더욱 공고히 하고 유력 가문의 위신을 세워 주는 쪽을 선택했다. 이러한 와중에 청에서 돌아온 여성들은 오랑캐에게 정절을 잃었을 것이라는 의혹 섞인 눈초리를 감당하며 가족에서도 사회에서도 소외되는 삶을 살아야 했다.

인조는 다수 관원들의 주장에 따르지 않고 이이를 허락하지 않는 쪽을 선택했다. 전쟁이 끝난 지 얼마 되지 않아 많은 여성들이 속환되어 돌아오는 상황에서 한번 이이를 허락해 주게 되면 큰 사회적 혼란이 벌어질 수 있다는 염려가 있었을 것이다. 그러나 다수 관원들의 의견과 배치되는 이 선택은 오래 지속되기 어려웠다. 숙종 대 민진후가 예조 판서로서 유정기의 이이 청원 사안에 대해 논의하면서 "대개 우리나라에서는 본래 이이의 법이 없어 청에 잡혀갔다 돌아온 부녀에게도 이이를 허락하지 않았습니다. 효종 초년에 신의 외조부인 문정공 송준길이 사헌부 관원으로서 논계論啓하여 비로소 이이를 명했고, 이 밖에는 혹 악행으로 이이시키기도 했지만, 대신大臣에게 수의收議하여 이를 허락하기에 이르렀습니다"라고 했다.[113] 이를 통해 효종 대에 이르러 청에 잡혀갔다 온 처와 이이시켜 주기를 청원하면 허락해 주게 되었음을 알 수 있다. 전쟁 후 어느 정도 시간이 흘러 이이 청원을 허락함으로써 나타날 문제점보다 다수 관료들이 주장하던 명분이 더 중요해지게 되었던 것이다.

장선징과 그 처의 이이는 효종 대까지 가지 않고도 2년여 후인 1640년(인조 18)에 가능하게 되었다. 이번에는 장유가 사망한 후 장유의 처 김씨가 단자를 올려 시부모에게 불순하고 사세상 편하지 않은 일이 있다며 아들과 며느리를 이이시켜 주기를 청했다. 김씨의 이 청원에 대해 영의정 홍서봉은 청나라에서 속환되어 온 며느리와 아들의 이이를 청원했던 남편의 바람을 이루기 위한 것이라고 판단했다. 그리고 속환되어 온 처와 함께 살고자 하는 사람은 그렇게 하도록 하고 다시 혼인하고자 하는 경우에도 금하지 말도록 하자는 의견을 개진했다. 2년여 전 많은 관원들이 주장했던 내용과 상통하는 의견이었다. 우의정 강석기는 시부모에게 불순하다고 한 김씨의 말을 그대로 받아들여 청원대로 들어주기를 청했다. 이에 인조는 청에서 돌아온 여성과의 이이를 허락하지 않기로 한 방침은 고치기는 어렵다고 하면서도 장선징이 훈신의 독자라는 것을 감안하여 예외적으로 청을 들어주도록 했다.[114]

그런데 이 일은 이것으로 끝나지 않았다. 1667년(현종 8) 장선징과 이혼한 처의 아들 장환의 관직 제수 시에 문제가 발생했다. 이해 장환이 돈녕 참봉敦寧參奉에 제수되자 정언 이선이 무거운 허물이 있는 사람을 의관衣冠의 반열에 참여하게 할 수 없다며, 태거하고 이조의 담당 당상관을 추고하기를 청했다.[115] 현종은 이를 윤허하고, 이 사안에 대한 규정을 정하고자 했다.

이에 우의정 정치화는 실행한 사람의 아들과 손자는 관직에 제수하지 않는 것이 우리나라의 풍속이므로 병자 호란 때 잡혀 갔던 사람의 아들과 손자는 벼슬길에 오르는 것을 허락하지 않고 있다고 했다. 그러자 현종이 인조 대에 규정을 정하여 이이를 허락하지 않았는데, 그 아들과 손자를 벼슬길에 오르지 못하게 할 수 있겠느냐고 반문했다. 승지 민유중은 처음에는 그러했지만 효종 즉위 초에 사헌부 관원이 청에 잡혀갔다 돌아온 처와 이이시키고 다시 혼인할 수 있도록 해 주기를 청하여 윤허받은 후 다시 혼인한 사람이 많았다고 했다. 따라서 이에 대해 식자들의 논란이 있을 것이라고 했다. 호조 판서 김수흥은 장훤의 사안은 개가한 경우와는 차이가 있다고 했다. 또, 장훤의 생모는 그 아버지와 이이했기 때문에 장훤은 계모의 자식이 되었고, 장훤이 계모의 아버지를 외조부라고 적었다고 하며 생모의 허물이 장훤에게 미치지는 않을 듯하다고 했다. 어머니가 청에 잡혀갔다 돌아온 것이 개가하거나 실행한 것과 차이가 있고, 아버지와 생모가 이이하여 계모의 자식이 되었기 때문에 관직에 임용해도 문제가 없다는 입장이었다. 그러자 현종은 청현직淸顯職을 제외한 일반 관직에는 제수하도록 규정을 정하라고 명했다.[116]

효종 대 초반 청에 잡혀갔다 돌아온 처와의 이이를 청한 사람들에게 이를 허락하도록 한 조치는 어떤 상황에서라도 죽음을 무릅쓰고 남편에 대한 절의를 지켜야 한다는 명분이 모든 현실적 상황을 압도하게 되었다는 것을 의미한다. 전쟁의 피해를 입었던 여성의 삶이 고국에서 더 피폐해지더라도 사족 여성의 정절은 포기할 수 없는 가치였던 것이다. 병자 호란 때 청에 잡혀갔다 온 여성의 아들이나 손자도 실행한 여성의 아들이나 손자와 동일하게 관직을 받지 못하는 현상이 나타나고 있었던 것도 이러한 이유 때문이었다. 이러한 분위기에서 훈신의 아들인 장훤의 9품 참봉직 제수조차도 이와 같이 논란의 대상이 되었던 것이다.

역가逆家 이혼

조선시대 역옥逆獄에서 혼인한 여성은 연좌하지 않도록 했다. 역옥 연좌 규정은 『대명률』모반대역謀反大逆조의 규정을 적용했다. 이에 따르면 모반, 모대역을 저지른 자는 능지처사에 처하고, 아버지와 16세 이상의 아들은 교형에 처하고, 15세 이하의 아들·어머니·딸·처·첩·조부·손자·형제·자매·아들의 처와 첩은 공신의 집에 주어 노비로 삼도록 했다. 그리고 백부와 숙부, 형제의 아들은 유 3000리에 안치하도록 했다.[117] 이 규정에서는 모반, 모대역을 저지른 자의 15세 이하의 아들·어머니·

딸·처·첩·조부·손자·형제·자매·아들의 처와 첩은 공신의 노비로 주도록 했지만 조선에서는 공신의 노비로 급부하던 때도 있었고, 관노비로 삼았던 때도 있었다. 그런데 『대명률』에는 연좌 예외 규정이 있었다. 남자는 80세가 된 사람이나 독질자, 여자는 60세가 된 사람이나 폐질자를 연좌시키지 않도록 하고, 혼약을 한 여성도 연좌 대상에서 제외되었다. 조선에서도 이 연좌 예외 규정은 적용되었다. 이에 따라 혼인한 여성은 친정 아버지나 형제 등의 역옥 범죄에 연좌되지 않았다.

혼인한 여성이 친정 식구의 역옥 범죄에 연좌되지 않는다 하더라도 그 여성의 남편은 집권 세력에게는 경계해야 할 존재였다. 조선에서는 장인과 사위의 관계가 돈독한 편이었기 때문에 더욱 그러했다. 따라서 이들의 관로는 순탄하지 않았다. 처가 어느 날 역적의 딸이 되어 버리면 이들은 처가의 정치적, 경제적 후원을 받지 못하게 될 뿐 아니라 관로가 막히는 것을 감수해야 했다. 이 때문에 정치적 야망이 있다거나 가문의 번성을 위해서 처와 헤어지고자 하는 사람들도 있었다.

그런데 형률상 연좌 대상도 아닌 사람을 이이시키는 것은 부부의 의를 지키도록 독려하는 정책에 반하는 일이었다. 따라서 조선 전기에는 공식적으로 역적 딸의 이혼 문제가 수면 위로 떠오르지 않았다.

1418년(세종 즉위) 권담과 처 박씨를 이혼하게 한 사례가 있다. 당시 병조 판서 박습은 병조 참판 강상인 등이 군사에 관한 일을 세종에게 아뢰고 상왕인 태종에게는 아뢰지 않은 사건에 연루되어 참형 선고를 받았지만 형이 집행되기 전에 옥에서 사망했다.[118] 이는 결국 세종의 장인인 심온이 사사되는 큰 옥사로 번졌다. 권담의 처는 박습의 딸이었는데, 이 옥사 이후 태종은 권담과 박씨를 이혼시키고 정연의 딸과 혼인하도록 했다. 그러나 권담과 박씨는 이혼 후에도 딸을 낳았다.[119]

권담은 태종의 딸 경안 궁주의 아들로 태종에게는 외손자였다. 태종이 권담과 박씨를 이혼시킨 일은 자신이 대역죄인으로 처벌한 박습과 자신의 외손자를 이혼시킨 것이었다. 따라서 일반 이혼과는 차이가 있다. 또한 당시에는 양반층 여성의 재가가 가능했을 뿐 아니라 기처에 대한 처벌이 정례화되지 않았던 시기였다.

1506(중종 1) 구수영은 아들 구문경과 연산군의 딸 휘신 공주의 이이를 청하여 허락받았다.[120] 그런데 2년 후 대사헌 정광필이 그 부당함을 아뢰며 "조종조에는 부부가 되면 비록 난신亂臣의 자녀라 하더라도 차마 기별棄別하지 못했는데, 최근에는 죄인에 관계되면 버린다"며 이러한 세태가 온당하지 않다고 했다. 중종 반정으로 정치 지배 세력이 바뀌면서 이해관계에 따라

처를 버리는 일들이 발생했던 것으로 보인다. 그런데 기별 사례들과는 달리 구문경과 휘신 공주의 이혼은 관에서 이이 청원을 받아들인 사례였다. 부부의 의를 지키도록 하기 위해 관에서 가급적 기처를 승인하거나 이이를 허락하지 않았던 기존 원칙에 어긋나는 사례였다. 따라서 반정 정국이 어느정도 안정되자 정광필이 이러한 주장을 했고, 중종이 이 사안에 대해 논의하게 한 것이다. 논의 결과 대신들이 다시 합하도록 하기를 청하여 이 부부는 재결합하게 되었다.[121]

이렇게 조선 전기에는 가급적 이이를 허락하지 않는다는 기본 원칙이 작동되고 있었다. 그러나 국가에서 공식적으로 역적의 딸과 이이하도록 하지 않더라도 사적으로 처와 별거하거나 버리는 사람들은 있었을 것으로 생각된다. 그런데 17세기 이후에는 역적 딸과의 이이를 청원한 경우 예조에서 허락해 주는 사례들이 다수 나타나게 되었고, 점차 규례화되는 현상까지 나타났다.

17세기 초반 변화의 모습은 김시양의 저서인 『하담록』의 내용을 인용한 『연려실기술』의 기사에 잘 드러난다. 이 기사에는 김광찬과 계축 옥사 때 처벌받은 김채의 딸 김씨, 권반과 이괄의 난으로 처벌받은 원종경의 딸 원씨의 이혼 사례를 수록했다. 광해군 대에 김상헌은 김채가 계축 옥사에 연루되자 상소하여 아들 김광찬과 며느리 김채 딸의 이혼을 청했다. 이에 대해 예조 판서 이이첨은 법에 이혼이 합당하지 않다고 아뢰었지만 광해군이 이혼을 허락했다. 인조 대에 권반은 원종경이 이괄의 난으로 복주되자 상서하여 손자인 권제와 손자 며느리인 원종경 딸의 이혼을 청했다. 그런데 이 사안에서는 예조 판서 이정구가 그 충성스러움을 포장(褒獎)하고 청원을 들어주기를 청했다. 이 두 사례를 수록하고 나서 김시양은 세태가 변화한 것을 볼 수 있다고 기록했다.[122] 역적의 딸이라 하더라도 이이시키지 않았던 방침이 변화하고 있다는 것을 지적한 것이다. 이 사례들에서 주목되는 것은 주무 관사인 예조의 입장이었다. 김상헌의 이이 청원에 대해서는 예조에서 법에 합당하지 않다며 들어주지 말 것을 청했지만 권반의 청원에 대해서는 예조에서 이이 청원을 들어주자고 했다. 이를 통해 인조 반정 이후 역적 딸 이이 사안에 대한 주무 관사의 입장이 변화했다는 사실을 알 수 있다.

1628년(인조 6) 능원군과 유효립 딸의 이혼은 남편 측이 아닌 관사에서 먼저 이혼시켜야 한다고 주청한 사례로 이전과 달라진 분위기를 보여 준다. 관사에서 먼저 이러한 주장을 한 것은 능원군이 대원군의 제사를 받드는 종친이었기 때문이었다. 이 문제를 처음 제기한 관사는 사헌부, 사간원이었다. 법에 시집간 딸은 연좌하지 않도록 했지만 능원군이 왕실의 지친으로 유씨와 부부가 되는 것은 옳지 않고, 역적 괴수의 딸인 유씨가 주부主婦로 대원군의 제사를 받들게 할 수 없다는 것이 그 이유였다. 그리하여 양사에서 합계하여 능원군을 파직시키고 예조에서 이혼시키기를 청했다. 인조는 법례에 없는 것이라며 허락하지 않았지만 여러 날 양사에서 간쟁하자 이 일을 예조에 내려 심의하게 했다.[123]

양사兩司의 주장이 가납되지 않자 홍문관에서도 비슷한 내용으로 차자를 올렸다. 홍문관에서는 능원군이 왕실의 지친으로 유효립의 흉악한 짓을 미워하지 않고, 그 딸과 부부 관계를 유지하는 것에 대해 부부의 정에 빠져 군신의 의를 소홀히 한 것이라며 사람의 도리를 무시하고 국법을 업신여긴 죄가 크다고 했다. 그리고 훗날 아들을 두게 되면 역적 괴수의 골육이 대원군의 봉사손이 될 것이라며, 이치에 맞지 않은 일이라고 했다. 이렇게 능원군과 유씨를 이혼시켜야 하는 이유를 나열하고서 "우리나라에는 칠거七去의 법이 없지만 진실로 패란한 행동이 있으면 또한 이혼을 청한 자에게 허락한 경우가 종종 있다"고 하고, 사리를 깊이 헤아리고 대의로 결단하셔서 양사에서 합계하여 청한 내용을 윤허해 달라고 청했다. 인조는 양사의 청에 윤허하지 않은 것은 예禮에 버리도록 한 의가 없고, 정리로도 불쌍히 여겨 용서할 만하기 때문이라며 홍문관의 차자도 물리쳤다.[124]

그림 12 창덕궁 내의 대청臺廳, 소장처: 고려대학교 박물관
원으로 표시한 대청은 궐내에서 사헌부, 사간원 관원들이 회의하던 공간이다.

    왕명에 따라 예조에서는 대간의 계사에 대해 주무 관사로서의 의견을 아뢰었다. 예문에 '역가逆家의 딸과 난가亂家의 딸은 취하지 않는다'는 글이 있지만 이는 혼인하지 않았을 때를 말하는 것이라고 했다. 그리고 역적 집안의 딸은 칠거지악에 포함되어 있지 않고, 『대명률』에 역적의 시집간 딸은 연좌하지 않는다고 했다며, 예문·율문에 모두 근거할 만한 내용이 없다고 했다. 또 부부는 오륜의 하나이니, 이이는 인도人道의 변고라고 했다. 예조에서는 부부 관계가 오륜의 하나라고 하며 이혼은 신중히 다루어야 한다는 주무 관사로서의 기본 입장을 피력했다. 그리고 예문과 율문을 살펴보아도 역적 집안의 딸을 이혼시킬 근거가 없다고 했다. 따라서 예조에서 가볍게 결단할 일이 아니라며 대신에게 의논하게 하기를 청했다.

이에 따라 논의에 참여한 행 판중추부사 윤방, 좌의정 김류, 우의정 이정구는 이이시킨다는 말이 예와 법에 있지는 않지만 역적 집안의 딸은 취하지 않는다고 했으니, 처를 버릴 수 있다며 예조와는 다른 해석을 했다. 또 최근 역적 집안의 딸을 처로 삼은 자가 예조에 소지를 올려 이이를 허락받은 사례가 종종 있다며, 하물며 역적 괴수의 딸이 대원군의 제사를 받드는 주부가 되게 할 수는 없다는 의견을 냈다. 그러나 인조는 돌아갈 곳이 없는데 내쫓는 것은 불쌍하다며, 첩으로 강등하라고 명했다.[125]

홍문관의 차자 내용을 살펴보면, 우리나라에는 칠거의 법이 없지만 패란한 행동을 한 경우 이혼을 허가한 사례가 있다고 하며 능원군과 유씨를 이이시켜야 한다고 주장했다. 실행하거나 시부모에게 불순한 경우 기처를 승인했던 일부 판례를 통해 능원군과 유씨를 이이시키는 것을 정당화하고자 한 것이다. 만약 역적 집안 딸과의 이이를 허가한 판례가 많았다면 이를 근거로 이이시켜야 한다고 주장했을 것이다. 그러나 그렇게 하지 못했다는 것을 통해 당시까지는 역적 집안의 딸과 이이하도록 한 판결이 드물었음을 짐작할 수 있다. 또한 혼인에 관한 주무 관사인 예조에서 예문과 율문을 모두 상고했는데도 역적 집안 딸을 이이시킬 근거를 찾지 못했다. 반면에 대신들은 최근 예조에서 역적 집안 딸과의 이이를 허락한 사례들이 있다고 했다. 이를 종합해 보면 당시 역적 집안의 딸을 이이시킨 사례들이 나타나기 시작했지만 아직 판례로 정착될 정도는 아니었던 것으로 판단된다.

한편 삼사에서도, 대신들도 능원군과 유씨를 이이시켜야 하는 이유로 유씨가 대원군의 제사를 받드는 주부라는 점을 거론한 것이 주목된다. 이를 통해 종법이 정착되어 조상의 제사를 받드는 주부의 역할이 중요해지면서 역적의 딸과 함께 조상의 제사를 받들고 봉사할 자식을 낳아 대를 이어 가는 것을 꺼리게 되었다는 사실을 알 수 있다. 이러한 인식과 능원군이 봉사하는 대원군이 인조의 생부라는 특수성이 결합하면서 역적의 딸과 이이시켜야 한다는 명분이 되었던 것이다.

이로부터 10년 후인 1638년(인조 16) 청에 잡혀갔다 돌아온 여성의 이이에 대해 논의할 때 영돈녕부사 이성구는 "역적 집안의 딸도 혹 이이시키는 예가 있는데, 지금 이 오욕을 당한 부인은 역적 집안의 자손보다 더 심하지 않습니까?"라고 하여 역적 집안의 딸을 이이시킨 사례가 있다는 점을 언급했다.[126] 그리고 이후 1657년(효종 8)에 당시 세자시강원 찬선이었던 송준길은 역적 집안의 자식은 법에 따르면 마땅히 이이시켜야 한다는 인식을 표출했다.[127]

숙종 대에는 역적 집안의 딸을 이이시키는 것이 규례가 되었다는 예조의 계사까지 등장했다. 1706년(숙종 32) 예조 판서 이이명이 유정기, 신태영의 이이 사안에 대해 논의하면서 "원래 이이의 법이 없어 역적 집안이나 실신失身한 경우 외에 그 이이를 허락하는 것은 다른 근거할 만한 것이 없습니다"라고 했다.[128] 이는 실행과 함께 역적 집안의 딸이라는 것도 이이 허락의 사유로 자리 잡았다는 사실을 보여 준다.

1712년(숙종 38) 지경연사 조태채는 여성제 처의 조모가 법에 걸리자 여성제가 이이를 청하여 허락받은 일에 대해 이는 매우 원통한 일이라며 법을 제정하여 폐단을 막기를 청했다.[129] 여성제의 처는 소현세자빈 강씨의 아버지 강석기의 손녀이다. 인조 대에 강석기의 처가 강빈의 옥사에 연루되어 역적으로 처벌받자 여성제는 예조에 그 손녀인 강씨와 이이하기를 청하여 허락받았다. 『숙종실록』의 여성제 졸기에는 강석기의 손녀 사위인 여성제, 이홍상 두 사람의 서로 다른 행적이 기술되어 있다. 강씨 집안이 화를 입자 이홍상은 처와 이혼하지 않고 벼슬을 버렸지만 여성제는 화를 입을까 겁내어 예조에 소지를 올려 처와 헤어지고 재취했다가 뒤에 몰래 전처 강씨와 살면서 아이까지 낳았다는 것이다.[130] 처가 역적의 자손이 되었을 때 벌어질 수 있는 상황이 강석기의 두 손녀 사위의 사례에서 잘 드러난다.

조태채의 주청 사안에 대해 숙종은 예조에 품처하게 했다. 예조에서는 "역적 집안의 친딸을 이이시키는 것은 비록 법 외의 일이라고 할 수 있지만 이미 관례가 되어 쉽게 고칠 수 없습니다. 그런데 손녀를 이이시키는 것은 더욱 법 외의 일입니다"라고 하면서 법에 어긋나는 그릇된 관례를 그대로 둘 수 없다며 훗날의 폐단을 막아야 한다고 회계했다. 이는 숙종이 윤허하여 법제화되었다.[131] 이에 따라 이 법은 『속대전』에 "역적 집안의 손녀는 이이시키지 않는다"라는 규정으로 수록되었다.[132] 이 법 제정 후 숙종은 이미 사망한 여성제와 처 강씨를 다시 합하게 하고, 강씨를 남편의 관직에 따라 봉작하라는 명까지 내렸다.

규장각한국학연구원에 소장된 『의조별등록(儀曹別謄錄)』에는 1728년(영조 4) 이광서, 김국좌가 각각 심유현, 박필현 딸과의 이이를 청하는 소지에 대한 처분이 수록되어 있다.[133] 당시 심유현과 박필현은 무신란의 주동자로 지목받은 인물이었다.

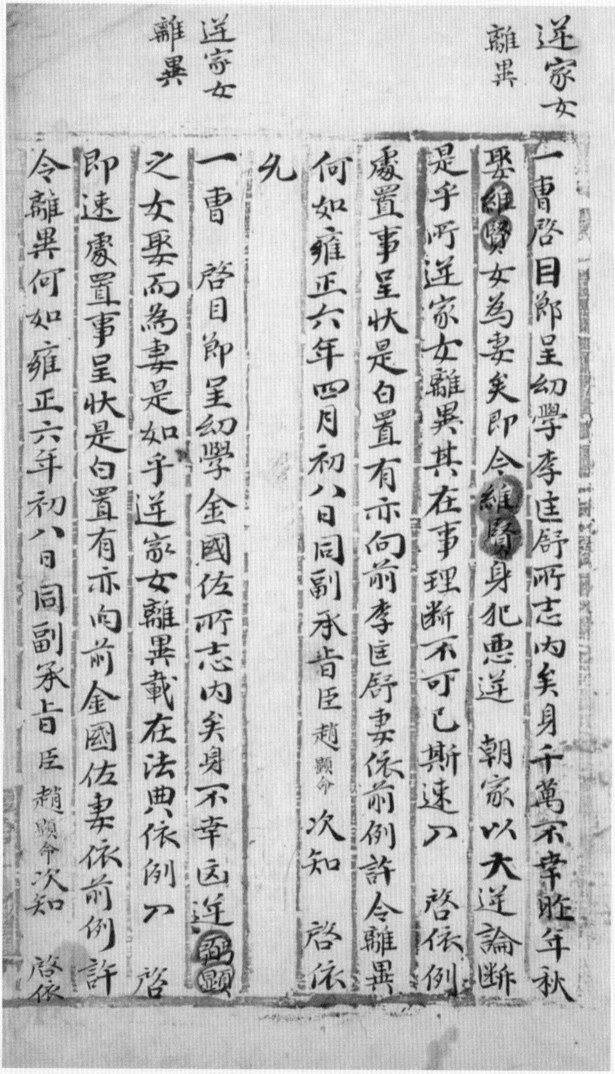
逆家女 離異

一書啓目節呈幼學李進爵所志内矣身千萬不幸昨年秋
娶維賢女爲妻矣即今維賢身犯惡逆 朝家以大逆論斷
是乎所逆家女離異其在事理斷不可已斯速入 啓依例
處置事呈狀是白置有亦向前李進爵妻依前例許令離異
何如雍正六年四月初八日同副承旨臣趙顯命 次知 啓依
允

逆家女 離異

一書 啓目節呈幼學金國佐所志内矣身不幸因逆[illegible]
之女娶而爲妻是如乎逆家女離異載在法典依例入 啓
即速處置事呈狀是白置有亦向前金國佐妻依前例許
令離異何如雍正六年初八日同副承旨臣趙顯命次知 啓依

그림 13 『의조별등록儀曹別謄錄』의 역가녀 이이 사안, 소장처: 서울대학교 규장각한국학연구원

○ 이광서의 청원에 대한 예조 계목: 예조 계목에, "이번에 올린 유학 이광서의 소지에, '제가 천만 불행하게도 작년 가을에 ㉭㉻의 딸을 맞아 처로 삼았습니다. 그런데 이제 ㉭㉻이 악역惡逆을 범하여 조가에서 대역大逆으로 논단했습니다. 역가의 딸과 이이하는 것은 사리상 결단코 그만둘 수 없으니, 속히 입계入啓하여 예例에 의해 처치해 주십시오'라고 정장呈狀했습니다. 앞의 이광서의 처는 전례前例에 의해 이이를 허락하는 것이 어떻겠습니까?" 옹정 6년(1728) 4월 초8일 동부승지 신 조현명이 담당하여 계문하니, 계문한 대로 윤허함.

○ 김국좌의 청원에 대한 예조 계목: 예조 계목에, "이번에 올린 유학 김국좌의 소지에, '제가 불행하게도 흉역㉧㉻의 딸을 맞아 처로 삼았는데, 역가의 딸은 이이시킨다는 내용이 법전에 실려 있으니 예例에 의해 입계하여 바로 처리해 주십시오'라고 정장했습니다. 앞의 김국좌의 처는 전례에 의해 이이를 허락하는 것이 어떻겠습니까?" 옹정 6년(1728) 초 8일 동부승지 신 조현명이 담당하여 계문하니, 계문한 대로 윤허함.

이 두 청원에 대해서 예조에서는 전례에 따라 이이를 허락하기를 청하여 영조의 윤허를 받았다. 무신란이 영조 즉위의 정당성을 문제 삼은 반란이었기 때문에 이이 청원이 더 쉽게 받아들여졌을 수는 있다. 그러나 예조에서 일상적인 업무를 대하듯 별다른 논의 없이 전례에 따라 이이를 허락해야 한다고 계문했다는 점, 역가 이혼 규정이 법전에 수록되어 있지 않았음에도 불구하고 김국좌가 역가의 딸은 이이시킨다는 내용이 법전에 실려 있다고 인식하고 있었다는 점에서 당시 역가 이혼이 규례화되었음을 알 수 있다.

유정기, 신태영 부부의 이혼 소송

조선 후기의 기록에는 처를 버린 자를 적발하고 형률을 적용하여 계문했던 사헌부의 역할이 드러나지 않는다. 조정에서 큰 논란이 된 이이 청원 사건과 이에 대한 논의가 간혹 기록에 나타날 뿐이다. 이 중 유정기, 신태영의 이혼에 관한 사안은 청원에서부터 판결에 이르기까지의 과정이 『숙종실록』과 『승정원일기』에 이례적으로 매우 상세하게 수록되어 있다.[134]

유정기는 1690년(숙종 16) 처 신씨를 버린 지 14년 후인 1704년

(숙종 30) 즈음에야 예조에 소지를 올려 이이 청원을 했다. 1690년 (숙종 16) 8월 유정기가 후처 신씨를 내쫓은 이유와 과정은 정호가 지은 유정기의 묘지명에 수록되어 있다.[135] 이 묘지명이 유정기의 생전 행적을 기린 글이라는 점을 고려하면 그 내용은 유정기 측의 입장이 반영된 기록이라고 할 수 있다. 이에 의하면 신씨를 내쫓은 이유는 매우 사납고 악하며, 부모에게 순종하지 않았기 때문이었다. 그리고 이를 뒷받침하는 근거로 두 가지 사연을 들었다.

하루는 유정기가 제사 음식 문제로 신씨를 꾸짖었는데, 신씨가 화내며 욕하는 말이 돌아가신 시부모에 미쳤다고 했다. 또, 자매들과 모여 처를 내쫓는 문제를 의논했는데, 자매들이 돌아가신 어머니의 유서를 내놓으며, "이 사람이 평소에 시부모를 대함에 부도不道했는데, 어머니가 손자·손녀들이 아직 혼인하지 않았기 때문에 숨기고 참고 지내다가 죽음에 임박하여 이 글을 남기면서 우리들에게 때를 기다려 내놓으라고 하셨습니다"라고 했고, 유정기가 이 글을 보고 놀라 기절했다가 한참 후에 깨어났다고 했다. 이에 유정기가 문서를 갖추어 궤연几筵과 가묘에 고하여 죄를 성토하고 내쫓았다고 했다.

유정기가 처를 내쫓은 근거로 제시한 두 가지 일 중 첫 번째 일은 신씨가 유정기에게 화내며 시부모를 욕하는 말을 했다는 것이다. 『대명률』에서는 욕한 행위도 처벌 대상으로 규정되어 있다. 그런데 조선에서는 일상에서 서로 욕했다는 것만으로 처벌되지는 않았다. 이 형률은 주로 강상 윤리를 세우는 차원에서 활용되었다. 유정기가 자신과 시부모에게 욕한 것을 신씨를 내쫓은 사유로 든 것은 처 신씨가 시부모와 자신에게 며느리로서, 처로서의 도리를 지키지 않았다는 것을 말하기 위함이었다.

조선 전기부터 시부모에 대한 불순은 기처의 사유가 되기도 했다. 그러나 부부 사이에 언쟁이 격해지다 보면 상대측을 비난하거나 심한 말이 나올 수 있기 때문에 한번 심한 말을 하거나 욕했다는 것은 출처 사유로 불충분했다. 따라서 유정기의 어머니가 남겼다는 문서로 신씨가 평소에 시부모에게 불순했으며, 어머니도 처를 내쫓을 의사가 있었다는 것을 주장하고자 했다. 어머니가 직접 신씨의 불효한 행적을 적은 유서는 소송 시에 신씨의 불효를 증빙하는 증거 문서가 될 수 있었다. 그러나 이후 이이 청원 시에나 의금부에서 유정기 측에서 주장하는 신씨 악행의 진위 여부를 조사할 때 이 문서는 전혀 언급되지 않았다. 따라서 이 문서의 진위 여부는 불분명하다.

가묘에 고하고 처를 내쫓은 것은 남편이 사사로운 감정을 가지고 내쫓은 것이 아니라 처가 내쫓아야 할 만한 악행을 하여 조상에 고하고 내쫓았다는 것을 알리기 위한 하나의 절차였다. 남편이 처를 버리는 일은 때로는 더 이상 부부 두 사람만의 문제가 아닌 집안의 일이 되기도 했던 것이다. 그런데 유정기가 실제로 가묘에 고하고 신씨를 내쫓았는지는 그 진실을 파악하기 어렵다.

신씨를 쫓아냈다고 한 지 14년 후에 유정기는 이이를 허락 받기 위해 세 번에 걸쳐 관에 청원했다. 이 세 번의 이이 청원은 ① 유정기가 예조에 올린 소지, ② 유정기의 일문 50여 인이 연명하여 예조에 올린 단자, ③ 유정기가 숙종이 능행할 때 올린 상언이다.

처음 유정기가 예조에 소지를 올려 이이를 청했을 때 예조에서는 법에 규정되어 있지 않다는 뎨김題音을 내리고 청원을 들어주지 않았다. 그러자 다시 유정기의 일문 50여 인이 연명하여 실신失身하고 패란悖亂한 여인에게 종사宗祀를 주관하게 할 수 없다며 예조에 이이를 청하는 단자를 올렸다. 이번에도 예조에서는 같은 이유로 이 단자를 물리고 이이를 허락하지 않았다. 예조에서는 처의 실행과 같은 특별한 사안이 아니면 이이를 허락해 주지 않는 기본 원칙을 견지하고 있었다.

한편, 유정기의 청원이 받아들여지지 않자 유정기의 일문 50여 인이 연명하여 단자를 올렸다는 사실이 주목된다. 조선 전기에는 이혼 문제가 부부의 문제로 다루어졌고, 이 문제에 개입했던 사람들도 부부의 부모, 자식, 형제들 정도였다면 조선 후기에 종자宗子의 이혼 문제는 종중 문제로 인식되기도 했음을 알 수 있다. 그리하여 종중의 지원을 받아 이이 청원을 하기도 했던 것이다. 친족들이 연명한 단자를 올렸는데도 이이를 허락받지 못하자 유정기는 숙종이 능행할 때 상언을 했다.[136]

숙종은 이 상언 사안을 예조에 내려 심의하여 보고하도록 했는데, 이때 사헌부에서 이이 허락을 청하는 장문의 계문을 올렸다.[137] 유정기가 왕에게까지 호소하여 이이를 청원한 상황에서 사헌부에서 유정기의 청원을 들어주어야 한다는 계문을 올림으로써 이 사안을 담당하는 예조에서도 이전과 같이 법에 없다는 이유로 청원을 물리치기는 어렵게 되었다.

사헌부 계문의 서두에는 "우리나라에는 처를 내쫓는 법이 없어 비록 사나운 처나 악한 처가 있다 하더라도 감히 서로 부부 관계를 끊을 수 없어 집안을 망치고 윤리가 무너지는 데 이르는 경우가 많다"라고 했다. 법에 규정되어 있지 않다고 해서 사나운 처나 악한 처를 내쫓지 못하는 것은 부당하다고 전제한 것이다.

다음으로 유정기 측의 청원 내용에 근거하여 유정기 처 신씨의 행실을 거론했다. 먼저 신씨의 성정이 괴려乖戾하고 언행이 패악하여 괴이하고 놀라운 행위를 하여 내쫓았다는 사실을 기술했다. 남편과 시아버지에게 욕설했으며, 더러운 것을 제주祭酒에 섞고 사당에서 난동을 부려 제석祭席 등의 물건을 찢고 부수기까지 하여 유정기가 예禮에 의거하여 죄를 성토하고 사당에 고한 후 내쫓았다는 것이다. 또, 신씨가 쫓겨난 후 유정기 전처 아들의 집에 의탁했는데, 유정기가 아들의 병을 구료하기 위해 이 집에 머물게 되자 화를 내고 한밤중에 혼자 걸어 달아났다고 했다. 사헌부에서는 이 행동에 대해 "여자의 실신失身이 이보다 큰 것이 없다"라고 하며, 신씨가 밤에 혼자 걸어간 행위를 '실신'으로 규정했다.

그다음에 유정기와 그의 친족들이 이이를 허락받기 위해 예조에 청원했던 내력에 대해 거론했다. 이 부분에서는 "정기가 비록 이미 사당에 고하고 신씨를 내보냈다 하더라도 관에 소지를 올려 명확하게 내쫓고 윤상倫常을 바로잡지 않을 수 없기 때문에" 예조에 청원하여 이이를 청했다며 유정기의 이이 청원을 정당화했다. 유정기의 이이 청원이 패악한 행위를 한 처를 내쫓아 윤상을 바로잡기 위한 것이라고 성격 규정한 것이다. 예조에서 이 청원을 물리친 일에 대해서는 신씨의 패악한 행동을 이웃 사람 중에 알지 못하는 자가 없고 목격자도 있다는 점, 이이의 법이 법전에 규정되어 있지는 않지만 남편 집안의 청원으로 이이하도록 허락한 경우가 많다는 점을 지적하며 반론을 제기했다.

　마지막으로 신씨와 같이 죄악이 가득한 부녀는 고장告狀에 따라 부부 관계를 끊게 하는 것이 예에 합당하다고 주장했다. 예조에서 법이 없어 마음대로 직단할 수 없다고 하더라도 왕에게 아뢰어 왕명으로 이이를 허락하여 윤상을 바로잡아 부지하도록 해야 한다고 했다. 만약 이이를 허락하지 않는다면 유정기 개인 집안의 화에 그치는 것이 아니라 윤상을 무너뜨리고 예와 법을 크게 파괴하게 될 것이라고 하며, 예조에 명하여 특별히 이이를 허락하도록 하고, 신씨를 법에 따라 처결하기를 청했다.

　이 계문에서는 유정기 측에서 주장한 신씨의 악행을 거론하며 이 부부를 이이시키고, 처 신씨를 처벌해야 한다고까지 주장했다. 윤상을 바로잡아 부지하기 위해서라는 것이 그 명분이었다. 그러나 남편 측의 청원 내용과 소문만으로 이이시키고 처벌하기까지 하는 것은 공정한 법 적용이 아닐 뿐 아니라 훗날 처의 악행을 지어내고 소문을 내어 처를 버리고 이이 청원을 하는 폐단을 자아낼 수 있는 일이었다.

　조선시대에 사헌부에서는 관원들의 합의하에 계문을 올렸다. 따라서 이 계문 역시 사헌부 관원들이 합의한 내용이기는 하겠지만 이를 주도한 것은 사헌부 장령 임방이었다. 그런데 임방이 1703년(숙종 29) 영광 군수에 부임할 때 유정기와 이성로

가 함께 술을 가지고 가 시를 주고받으며 전별했다는 기록이 있다.[138] 이를 감안하면 임방이 유정기 측에서 제공한 정보에 경도되었을 가능성도 배제할 수 없다.

조선 전기 사헌부에서는 주로 처를 버린 남편을 적발하고 형률을 적용하여 처벌을 청하는 역할을 했다. 관원이나 관원 후보자가 처를 버린 경우 부부의 의를 저버린 남편을 형률에 의해 징계함으로써 백관을 규찰하고 풍속을 바로잡는 법사(法司)로서의 역할을 했던 것이다. 남편 측에서 실행이나 불효 등을 사유로 처를 버리더라도 증거가 명확하지 않으면 처를 버리기 위해 허물을 씌우는 것으로 보아 남편이 이유 없이 처를 버린 것으로 판단하는 것이 일반적이었다.

그런데 이 계문에서는 사실관계가 증명되지 않은 사안에 대해 남편 측의 청원 내용에 의존하여 이이시키고 처의 악행을 징계해야 한다고 간언했다. 이때 사헌부는 국가의 행정 조치가 처, 며느리로서의 도리를 지키도록 독려하여 윤상을 바로 세우는 역할을 해야 한다는 점을 주장하는 언론기관의 역할을 했다. 사헌부의 계문이 명확한 사실관계에 근거한 것이 아니라 하더라도 이 계문이 올라온 이상 유정기 측의 두 차례 청원에 처분을 내렸던 관사이자 유정기의 상언을 심의하고 있던 관사인 예조의 입장 표명이 필요했다.

따라서 다음 날 예조 판서 민진후가 청대請對하여 숙종에게 이 사안에 대해 아뢰었다. 그는 전임 예조 판서 재임 시에 올라 왔던 유정기의 소지는 예조에서 법과 예문에 없는 것이라고 물렸고, 자신이 취임한 후 올라온 유정기 친족의 단자도 같은 이유로 허락하지 못했다고 했다. 그리고 현재 심의하고 있는 상언에 대한 입장을 다음과 같이 정리했다.

신씨의 패악한 행실은 진신搢紳 사이에서도 말하는 자가 많은 듯하지만 조가朝家에서 일을 처리하는 데에는 훗날의 폐단을 예방하지 않을 수 없다고 했다. 처와 반목하여 처의 악행을 꾸며 내어 이이를 청하게 된다면 윤상의 변고라는 것이다. 실제로 신씨가 악행을 저질렀다 하더라도 이를 증명할 뚜렷한 증거가 없는데 이이시킨다면 훗날 이를 악용하여 이이를 청하는 사람들이 생겨 윤상을 무너뜨리게 될 것이라는 점을 지적한 것이다.

다만 상언에 기술되어 있는 내용 중 더러운 물건을 제주祭酒에 섞고 욕설이 시부모에게 미쳤다고 한 신씨의 행위는 모두 십악十惡의 대죄大罪에 해당되고, 성상이 이에 대해 알게 되었으니 형조에 이문移文하여 끝까지 실상을 조사하여 사실이라면 처벌해야 한다고 했다. 십악은 『당률』, 『대명률』 등에 규정된 매우 심각한 10가지 범죄인데, 이 중 7번째에 해당하는 '불효'가 신씨가 범한 십악 범죄에 해당한다고 판단한 것으로 보인다. 그러나 신씨의 행위가 15-16년 전에 있었던 일이고, 집안에서 일어난 일이어서 진상을 파악하기 어려울 뿐 아니라 종이 주인의 행위를 증언하고, 자식이나 아우가 어머니나 형수의 행위를 증언하게 하는 것이 법리에 어긋나기 때문에 대신들과 상의하여 경연에서 아뢰려고 했는데, 아직 실행하지 못한 상황이라고 했다.

마지막으로 이 일은 형조에서 법을 상고하여 처결해야 하며, 서둘러 이이시킬 일이 아니라고 했다. 즉, 형조에 명하여 신씨 행위의 진위에 대해 엄히 구핵한 후에 이이 여부를 거론해야 한다는 입장을 표명했다. 숙종은 예조 판서의 의견을 받아들여 형조에서 조사하여 결과가 나온 후에 처리하라고 명했다.[139]

이에 장령 임방은 다시 계문을 올려 남편이 고한 내용을 믿고 이들을 이이시키고 신씨를 처벌해야 한다고 주장했다.[140] 그러나 대사헌 송상기는 임방의 계문에 대해 의견이 같지 않다며 인피引避했다. 그는 무거운 죄를 조사하지도 않고 처벌하는 것은 합당하지 않다며, 조사하여 신씨가 승복한 후에 판결해야 한다고 주장했다.[141]

결국 1704년(숙종 30) 10월 의금부에서 신씨를 가두고 조사를 진행했다. 처음에는 형조에서 이 사건을 맡았지만 형조에서 신씨가 조관朝官의 처이기 때문에 의금부에서 조사해야 한다고 계청하여 옮겨 조사하게 되었다.[142] 이로써 이 사건은 형사사건 조사의 형태로 전환되어 1706년(숙종 32) 4월 신씨와 유정기의 형량이 결정되기까지 1년 6개월 동안 조사가 이루어지게 되었다. 이때부터 신씨는 태영이라는 이름으로 지칭되었고, 그가 남편 측에서 거론한 악행을 실제로 했는지 진위 여부에 대한 조사가 이루어졌다.

의금부 조사 과정에서 신태영은 남편 측에서 자신이 했다고 주장한 행위들을 모두 하지 않았다고 부인했다. 또한 이러한 문제가 발생하게 된 것은 유정기가 비첩에게 미혹된 탓이라고 주장했다. 자신이 유정기의 처가 된 지 27년인데, 1688년(숙종 14) 이전에는 다섯 자녀를 연이어 낳았으며, 부부간에 서로 도리를 잃은 일이 없었다고 했다. 그런데 이해 이후 유정기가 비첩에게 미혹되어 이 지경에 이르게 되었고, 자신에게 덮어씌워진 죄명은 유정기가 참소하는 말을 믿고 꾸며 낸 것이라고 했다. 밤에 혼자 나가 달아났다는 주장에 대해서는 핍박을 받아서 그런 것이고, 혼자서 간 것이 아니라 여러 명의 여종들이 따랐으며 남편의 전처 자식인 유언형이 뒤쫓아 와 같이 갔다고 했다. 친족 50여 인이 연명하여 단자를 올린 일은 유정기가 억지로 부탁해서 한 것이라고 진술했다.[143]

증인은 유정기의 비첩 예일, 신태영이 밤에 갈 때 이를 목격한 박운산의 여종 순개, 유언명의 여종 이생, 유정기의 여종 태

그림 14 『금오계첩金吾契帖』에 수록되어 있는 의금부의 모습, 소장처: 고려대학교 박물관

레, 신태영의 여종 예업, 친족 50여 인이 연명하여 예조에 올린 단자의 장두狀頭인 유명구였다. 이중 유명구는 병이 심하다는 직산 현감의 보고가 있어 장두 다음에 연명한 유명뢰를 대신 조사했다.[144]

남편과 시부모에게 욕하고, 제주에 더러운 것을 섞고 행패를 부린 행위에 대해서는 유명뢰와 유정기의 비첩 예일의 증언

을 청취했다. 유명뢰는 유정기의 부탁을 듣고 죄 없는 사람의 죄를 꾸며 내어 단자를 올린 것은 아니라고 부인했다. 그리고 같은 집에 거주하지는 않아 신태영의 행위를 직접 보고 들은 것은 아니지만 유정기 집 제사에 참여할 때 동종同宗 중에 유정기에게 그 말을 듣지 않은 사람이 없다고 했다.[145] 예일은 그 일에 대해서 전혀 듣거나 본 일이 없다고 증언했다.[146] 유명뢰의 공초를 받은 의금부에서는 신태영의 공사와 유명뢰의 공사가 어긋난다며 신태영을 다시 추문하기를 청하여 윤허를 받았다.[147]

그런데 의금부에서 유명뢰의 공사供辭를 정서할 때 유정기가 외부에서 원정초元情草 1본을 들여보내 공초를 조작하게 한 일이 발각되었다. 나장을 통해 하리下吏에게 전해 주어 유명뢰의 공사를 고쳐 써서 들이게 한 것이 의금부 낭청에게 적발된 것이다. 의금부에서는 이 일을 조사하기 위해 유정기를 잡아들여 가두고 조사했다.[148] 그렇다고 해서 그에게 신태영 행위의 진위 여부를 조사한 것은 아니었다.

결국 1704년(숙종 30) 11월 의금부에서는 조사 결과를 계문했다. 먼저 시부모에게 욕하고 제주에 더러운 것을 섞은 일에 대해서는 신태영이 극구 발명하고 유명뢰와 예일도 목격한 사실이 아니라고 한 데다 법리에 구애되어 남편인 유정기의 증언을 받을 수 없어 사실을 밝힐 길이 없다고 했다. 따라서 사헌부의 계

문에 따라 억지로 그 죄를 감단할 수 없다는 결론을 내렸다.[149]

다음으로 밤에 혼자 갔다고 한 일에 대해서는 증인들이 한 결같이 여종들이 따라갔다고 증언했다며 실신했다고 하는 것은 억울하다고 할 만하다고 했다. 그런데 "부인의 도로 논한다면 설령 남편 집안에서 핍박받았다 하더라도 문밖에 한 걸음이라도 나가서는 안 되는데, 자신을 단속하지 않고 욕된 누를 스스로 취했으니, 전혀 죄가 없다고 할 수 없습니다"라며 부인의 도에 대한 논의를 부가했다. 그리고서 율문에 근거할 만한 조문이 없다는 결론을 내렸다.[150]

이러한 결과를 근거로 이이는 의금부에서 논의할 대상이 아니라고 하고, 형률에 대해서는 법에 규정되지 않았는데 논단하는 것은 의금부에서 마음대로 할 수 있는 것이 아니라며 대신에게 의논하게 하기를 청했다. 대신들은 시부모에게 욕설하고 제주에 오물을 섞은 것과 같은 행위를 실제로 했는지 여부를 밝히지 못한 상태에서 의논하는 것이 적절하지 않다는 의견을 내었다. 또 좌의정 이유는 유정기를 조사할 수 있는 법과 예문상의 근거를 제시하며, 유정기도 조사하기를 청했다. 이에 따라 숙종은 의금부에 엄히 조사하여 진위 여부를 밝힌 후 품처하라고 명했다.[151]

그리하여 다시 의금부에서 조사가 이루어졌다. 그런데 금부

당상이 잇따라 바뀌어 해가 지나서도 제대로 조사가 이루어지지 못했다.[152] 또, 1705년(숙종 31) 3-4월 사이에 한 달여 동안 신태영이 병으로 보방保放되기도 했다.[153] 따라서 이해 6월 즈음에야 신태영의 재추문이 이루어졌다. 이번에는 유정기도 잡아 가두고 조사했는데, 그는 신태영과 상반된 주장을 폈다. 그중에는 신태영이 제주에 오물을 넣는 것을 집안 사람 유후기가 목격했다는 진술도 있었다.[154] 그런데 유후기는 이러한 유정기의 진술이 근거 없는 말이라며 부인했다.[155]

1705년(숙종 31) 11월 의금부에서는 이 조사 결과에 근거하여 다시 의처議處하여 계문했다. 이이에 대해서는 유정기와 신태영 사이에 부부의 의가 끊어졌지만 의금부에서 논의할 사안이 아니라고 했다. 신태영에게는 1년 전과 마찬가지로 적용할 형률 조문이 없다고 하고, 유정기에 대해서는 가장으로 제가齊家하지 못한 죄를 면하기 어려우니, 이로써 감죄勘罪하기를 청했다.[156]

이에 숙종이 대신들에게 수의하게 했다. 논의에 참여한 평천군 신완은 이이에 대해서는 신태영의 성행性行이 괴려乖戾하니, 부부 관계를 끊을지 끊지 않을지는 오직 유씨가에 달려 있고, 이이는 국전에 규정되어 있지 않다고 했다. 신완은 유씨가에서 성행이 괴려한 신태영을 내쫓는 것은 문제가 없다는 입장이었다. 다만 이이가 법전에 규정되어 있지 않기 때문에 이이시킬 수는 없다는 것이 그의 의견이었다. 또, 전후 초사에 패악한 말이 드러난 것을 죄로 삼아 신태영의 형벌을 의논할 것을 제안했다. 숙종은 의논한 대로 시행하라고 명했다.[157]

공초 내용을 통해 신태영의 악함을 알 수 있다는 말을 처음한 사람은 숙종이었다. 1705년(숙종 31) 9월 지의금부사인 조태채가 신태영이 남편인 유정기에 대해 망측한 말을 많이 하면서 자신이 유명뢰와 인척 관계라서 이 옥사가 매우 염려된다고 했다며, 인혐引嫌하며 체직해 주기를 청했다. 그러나 숙종은 조태채의 사의를 수용하지 않으면서 "태영의 당초 원정原情을 보면, 그가 온갖 악을 모두 갖춘 것을 알 수 있다", "여인으로서 그 남편과 그 아들의 일에 공사供辭가 이와 같으니, 이미 크게 악한 사람이다. 어찌 이 때문에 인혐할 수 있겠는가?"라고 하며, 신태영의 공초 내용을 문제 삼았다.[158] 숙종은 신태영이 남편 유정기와 전실 자식인 유언명에 대해 나쁜 말을 한 것에서 그의 악한 성행을 추론한 것이다. 이러한 추론이 대신 수의 과정에서 재론되어 결국 최종 조율 과정에서 신태영에게 남편에게 욕한 죄에 해당하는 형률을 적용시키게 되었다.

이듬해인 1706년(숙종 32) 2월 예조 판서 이이명은 주무 관사 장관으로서 이이 허락 여부에 대한 의견을 제시했다. 우리나라에는 이이의 법이 없어 역가逆家나 실신失身한 경우 외에는 이이를 허락할 근거가 없다고 했다. 또, 남편의 호소에 따라 이이를 허락하게 되면 여성이 의지할 곳이 없어져 원통함을 품는 단서가 되며, 부부 사이의 반목은 많이들 애증의 사이에서 나오는데 그중에는 남편의 책임이 있는 경우도 있다고 했다. 다만 신태영의 행위는 매우 패려한데 죄가 분명하게 밝혀지지 않았다고 하여 남편에게 욕한 죄로 처벌하는 것은 너무 가볍게 처벌하는 것이라고 주장했다. 담당 관사에서는 형률에 따라 논죄할 수밖에 없으니, 성상께서 별도로 명하여 특별히 죄를 더해야 한다고 건의했다. 이에 숙종이 적용해야 할 율문을 묻자 이이명은 장 80이라고 답했다. 『대명률』에는 첩이 남편에게 욕하면 장 80에 처하도록 규정되어 있었고, 처가 남편에게 욕한 행위에 대해서는 따로 규정되어 있지 않았다.[159] 그런데 이이명은 첩이 남편에게 욕한 행위에 대한 처벌 규정을 근거로 장 80이라고 했던 것으로 보인다. 이 답을 들은 숙종은 율문이 너무 가볍다는 입장을 취했다. 또, 이이명은 유정기와 신태영이 처벌받는데, 유정기의 비첩인 예일만 처벌받지 않을 수 없다며 예일에게 종중 과죄從重科罪하기를 청했다.[160]

이해 4월 의금부에서는 유정기와 신태영에게 적용할 형률을 조율하여 계문했다. 유정기에게는 이전에 계하받은 대로 제가하지 못한 죄로 감율했다. 그러나 제가하지 못한 죄에 합당한 형률이 없어 『대명률』 불응위不應為조의 사리상 중한 죄에 해당하는 형률을 적용하여 장 80으로 조율했다. 이 조항에서는 마땅히 해서는 안 되는 일을 했지만 적용할 형률이 없을 때 태 40에 처하고, 사리상 중한 경우에는 장 80에 처하도록 했는데, 유정기에게 후자를 적용시킨 것이다. 신태영에게는 남편에게 욕한 것에 해당하는 형률을 적용하여 태 40으로 조율했다. 율문의 형량이 매우 가볍지만 이 외에 적용 가능한 형률이 없고 의금부에서는 율문에 벗어나는 형량을 가볍게 의논할 수 없다며 이대로 조율하여 계문했다. 1746년(영조 22)에 편찬된 『전율통보』에는 첩이 남편이나 처에게 욕하면 장 80에 처한다는 『대명률』 조문과 함께 처가 남편에게 욕하면 태 40에 처한다는 규정이 수록되어 있다.[161] 이 규정이 제정된 시기는 알 수 없지만 신태영에 대한 판결이 이루어지던 1706년(숙종 32) 당시에도 이 규정이 통용되고 있었던 것으로 보인다.

숙종은 태 40이든, 장 80이든 죄가 무겁고 율이 가볍다며, 특별히 먼 곳에 유배 보내라고 명했다.[162] 결국 신태영은 부안현에 정배되었다. 그리고 유정기의 형량은 속장贖杖 80에 고신 3등을 빼앗는 데 해당하지만 공신 후손이기 때문에 최종적으로 1등급을 감하는 것으로 결정되었다.[163] 이에 따라 유정기는 실형은 받지 않고, 장 70을 속전으로 바치고, 고신 2등을 빼앗기는 것에서 마무리되었다. 이후 신태영은 4년여 뒤인 1710년(숙종 36)에 유배지에서 석방되었고,[164] 유정기는 판결 후 5개월쯤 후인 1706년(숙종 32) 9월에 직첩을 돌려받았다.[165]

이 판결이 내려지고 6년 후인 1712년(숙종 38) 가을, 유정기가 다시 이이를 청하는 상언을 올렸다. 그런데 담당 관사에서 상언 사안 처리 방안에 대해 보고하는 계문을 올리기 전에 유정기가 사망했다. 그런데도 이듬해 정월 사헌부 지평 김유경이 상소하여 이 일은 윤강倫綱에 관계되니 청원자가 사망했다 하여 처리하지 않고 버려둘 수 없다고 주장했다. 이 일에 대해 대신에게 다시 묻고, 외방에 있는 대신과 유신儒臣에게 묻고 또 물어 합당하게 처리해야 한다는 것이다. 그리하여 이 사안에 대해 다시 논의가 이루어졌다.[166]

1713년(숙종 39) 4월 대신들에게 이에 대해 의견을 묻자 대부분의 대신들이 역적 집안이나 실신한 경우 외에는 이이시키는 법이 없다고 대답했다. 그런데 판부사 이여는 과거 신태영이 의금부 공사供辭에서 남편을 원수처럼 보고 해치고자 했다는 점을 들어 이이시켜 풍교를 맑게 해야 한다고 주장했다. 이에 반해 공조 판서 김진규는 처첩이 투기하고 아양 떠는 사이에서 애중이 일정하지 않으니, 한번 이이의 길을 한번 열어 놓으면 장차 죄가 없는 부인 중에 억울함을 품게 될 자가 많을 것이라는 점, 신태영이 패악하기는 하지만 유정기의 주장에도 의심되는 부분이 많다는 점, 유정기와 신태영이 반목한 것이 비첩 때문에 일어난 일이라는 점, 신태영과 전처 자식 간 모자의 윤의倫義를 단절시킨다는 점 등의 이유를 들어 이이를 반대했다. 이로써 대신들과 유신들은 이여의 주장을 지지하는 측, 김진규의 주장을 지지하는 측, 국전國典에 어긋난다는 측, 세 편으로 나뉘었다.[167] 이해 5월에 이 문제로 김진규, 이여, 호조 참의 임방의 상소가 이어졌지만 결론이 나지는 않았다.[168]

이전에 상언을 올려 왕의 처분이 내려지고 부부가 모두 형사처벌까지 받았던 사안일 뿐 아니라 청원 당사자가 사망했음에도 불구하고 사헌부 관원이 윤상에 관한 일이라는 이유로 대신과 유신들에게 두루 묻기를 청하여 다시 대대적으로 논의가 이루어졌다는 점이 주목된다. 오늘날에는 범죄 행위로 보기 어려운 집안 내에서의 여성의 행적이 윤상에 관한 일이라는 이유로 공적 논의의 중요한 주제가 되었던 것이다.

유정기의 이이 청원 사례를 통해 처의 실행이 명확한 사안을 제외하고는 기처 승인이 매우 신중하게 이루어졌던 조선 전기의 이혼에 관한 정책이 18세기 초반까지도 관례화되어 지속되었다는 사실을 알 수 있다. 이는 혼인에 관한 사안을 관장하는 관사인 예조에서 이이의 법이 없다는 이유로 남편의 이이 청원을 반려했다는 사실에서 명확하게 드러난다. 이에 유정기는 이이를 허락받기 위해 친족들의 도움을 얻어 청원을 해야 했고 상언까지 해야 했다.

한편, 조선 후기 변화한 이혼의 실상이 드러나기도 한다. 유씨 문중 50여 인이 이이를 청하는 단자를 올려 유정기, 신태영 부부의 이이를 청원했다는 사실을 통해 종자 부부의 이혼 사안은 부부 당사자의 문제만이 아닌 문중의 문제로도 인식되게 되었음을 알 수 있다.

사헌부 역할의 변화도 감지된다. 조선 전기에 사헌부는 처를 버린 남편을 적발하여 조율하고 처벌을 청함으로써 남편에게 부부의 의를 지키도록 독려하는 역할을 했다. 그런데 이 사례에서는 남편의 청원 내용만을 가지고 처의 행실을 지적하며 이이시키고 처를 처벌해야 한다고 주장했다. 관직자나 관직 후보자인 남성들에게 부부의 의를 지키도록 책임을 부여했던 모습에서 처의 도리를 강조하는 모습으로 변화한 것이다.

이러한 모습은 당시 대신들 및 왕의 논의와 청원 처리 과정에서도 드러난다. 조선 전기 기처 규제의 업무를 관장했던 사헌부에서는 처의 실행과 불효를 사유로 처를 버린 경우 분명한 증거가 없으면 남편이 제시한 기처 사유를 인정하지 않았고, 허위로 처를 모함한 경우에는 무고죄로 처벌하기도 했다. 그러나 이 사례에서는 유정기의 주장을 뒷받침할 만한 증거를 확보하지 못했음에도 불구하고 신태영이 진술할 때 남편을 비난했다는 것을 빌미로 처의 평상시 행동을 유추하여 규정에 없는 형률을 적용하고 가중처벌하기까지 했다. 또한 유정기가 증인의 공초를 위조하고자 했던 시도가 드러났음에도 불구하고 유정기에게 이에 합당한 처벌을 하지도 않았다. 처의 도리에 대한 강조가 율문에 따른 법 적용을 압도하는 현상이 나타나고 있었던 것이다.

5

부부 관계와
이혼 판결에 반영된
개인, 사회, 국가

조선의 지배층은 부부는 인륜의 근본이라는 인식하에 부부의 의를 지키도록 독려하고 이를 훼손하는 행위를 규제했다. 이들은 중혼重婚을 금지하고, 혼인 의례를 정비했다. 그리고 양반층을 대상으로 남편에게는 처가 사망하면 3년 후에 혼인하도록 하고, 처를 버리는 행위를 규제했다. 처에게는 간음을 강력하게 처벌하고, 개가를 규제했다.

조선 정부가 이혼 문제에 개입한 것은 이러한 정책의 일환이었다. 조선에서 혼인 관계 해소는 남편이 처를 버리는 기처 형태로 이루어졌다. 그런데 양반층 남성이 이유 없이 처를 버린 행위를 적발하면 『대명률』 규정에 의해 장 80에 처하고 버린 처와 재결합하도록 했다. 그리고 처를 버린 이력이 있는 사람은 부부의 의를 훼손한 자로 평가되어 관직 진출에 어려움을 겪을 수 있었다. 따라서 처를 버리고서도 처벌받지 않고 순조롭게 관직 생활을 하기 위해서는 기처를 관으로부터 승인받아야 했다.

조선 전기에는 처가 실행하거나 처의 신분상에 문제가 있는 경우에 한하여 기처가 승인되었다. 부모에게 불순한 경우에도 간혹 기처 승인이 이루어졌는데, 이 사유는 악용될 수 있는 여지가 많았기 때문에 승인받기가 매우 어려웠다. 다만 공신이나 외척과 같은 왕의 측근이 며느리가 불순하여 내쫓았다며 항변하는 경우에는 비교적 쉽게 승인받기도 했다. 처가 실행하여 버렸다고 주장하더라도 증거가 명확해야 기처를 승인받을 수 있었다. 이러한 기조는 조선시대 내내 지속되었다. 조선 후기에도 남편이 이이 청원을 하면 예조에서는 처가 실행했다거나 역적 집안의 딸인 경우를 제외하고는 이이의 법이 없다며 허락해주지 않았다. 이렇게 처를 버리는 행위는 규제받았고, 관에서 기처를 승인받으려 한다 해도 여의치 않았다.

처에 대한 규제는 더욱 강력했다. 처는 이혼을 요구할 수 없었고, 1477년(성종 8) 재가 규제법 제정 이후로는 버림당한 처가 재가하면 아들과 손자의 관로가 완전히 막히고 후대 자손들의 벼슬길도 대폭 제한되었다. 재가한 여성 본인이 행실이 좋지 않은 여성으로 비난받았음은 물론이다. 이를 무릅쓰고 혼인하고자 한다 하더라도 자손의 관로가 막힐 것을 감수하고 이 여성과 혼인하려는 사람을 찾기는 어려웠을 것이다. 그런데 내외법으로 양반층 여성의 사회 활동이 제한된 상황에서 남편에게 버림받은 여성이 혼인하지 않으면 생활고에 시달릴 수도 있었다. 버림받은 여성의 생활이 불안정해질 수 있다는 염려는 관에서 남편 측의 이이 청원을 허락하지 못하게 하는 요인이 되기도 했다. 기처 규제 정책, 재가 규제법 등 부부의 의를 지키게 하기 위해 시행한 여러 정책들은 직간접적으로 이혼을 극도로 제한하는 결과를 가져왔던 것이다.

이 지점에서 고려해 보아야 할 문제가 있다. 처를 버리면 남편 측도 큰 손해를 감수해야 했기 때문에 기처 규제 정책은 부부 사이에서 약자인 처가 함부로 버림당하지 않도록 보호하는 역할을 했다. 그런데 부부 관계가 악화되었는데도 억지로 부부 관계를 유지하는 것이 조선의 위정자들이 지향했던 부부의 의를 지키는 일이었을까? 그 부부의 생활은 어떠했을까?

이 경우 명목상으로만 부부 관계를 유지하거나 부부가 갈등하며 서로를 학대하기까지 하는 현상이 나타났을 것이라는 점은 충분히 예상할 수 있다. 실제로 첩을 사랑하며 처를 소박한 사례가 많으며, 심지어 처를 학대한 사례도 나타난다. 그런데 남편이 처에게 폭력을 행사하고 학대하더라도 처의 집안에서 문제 삼지 않는 한 외부에 그 실상이 드러나기 어려웠다. 태종 대에 변계량은 계실인 이촌의 딸을 부부의 예로 대우하지 않고 방안에 가두어 두고서 구멍으로 음식을 주고 용변도 자유롭게 보지 못하게 하여 처의 아버지인 이촌이 딸을 데리고 간 후 사헌부에 소를 제기했다.[169] 이때는 기처 규제가 느슨했고 재가 규제가 이루어지지 않았던 시기였다. 또한 혼인 후에도 친가와 가까웠기 때문에 처의 아버지가 학대당하는 딸을 데려가는 데 이후 시기보다 거리낌이 없을 수 있었다. 그런데 혼인 생활에 문제가 있다 하더라도 부부 관계를 유지해야 한다는 인식이 지배적인 상황에서는 학대의 물리적, 정신적 피해는 오롯이 피해자가 감수해야 할 일이 될 수밖에 없었다. 세조 대에 이종연은 왕과 이종사촌 관계이기도 했던 처 노씨를 소박하고 자주 구타하여 사망하게 하기까지 했다. 이는 기처 규제 정책과 삼가 규제만 이루어지고 있던 시기에 벌어진 일이었다. 재가 규제가 이루어진 성종 대 이후에는 처에게 부부 관계를 유지해야 한다는 압박감이 커지면서 부부 사이에서 처가 감내해야 할 일이 이전보다 많아졌을 것임을 추론하게 한다.

조선시대 야담류에는 간혹 남편에게 함부로 대하고 심지어는 폭력까지 행사했다는 처의 이야기가 수록되어 있기도 하다. 처의 집안의 위세가 높아 남편에게 함부로 대하는 경우 남편도 혼인 생활에 애로를 겪을 수 있다. 또한 여러 좋지 않은 상황과 감정이 축적되어 서로 간에 불만이 쌓인 채로 혼인 관계를 유지하는 경우도 있을 수 있다. 이러한 와중에도 조선의 양반층에서는 부부 관계를 유지하며 해로하는 모습을 보여야 했다.

한편, 남편에게 심한 말을 하거나 욕을 했다고 하는 '패악한 여성'에 대해서도 재고해 볼 필요가 있다. 남성들은 첩을 얼마든지 둘 수 있었던 반면 처는 아무리 남편과 관계가 나빠도 이혼을 요구할 수 없었고, 혹 이혼이 성립되었다 하더라도 재가 규제법 제정 이후 양반층 여성은 재가할 수 없었다. 출구가 보이지 않는 상황에서 악화된 부부 관계를 지속하면서 처의 불만이나 스트레스가 표출되는 것은 자연스러울 수 있는 일이다. 그런데 부덕을 지키는 처, 시부모나 남편에게 순종하는 처를 바라는 사회 분위기 속에서 처의 단순한 불만 표출이 과장된 채 소문난다면 그 여성은 처의 도리를 지키지 않으며 남편이나 시부모에게 욕하는 여성으로 낙인찍히게 되는 것이다.

18세기 초 유정기 이이 청원 사안의 논의 내용을 살펴보면, 남편과 시부모에게 심한 말을 하고 사당에서 난동을 부렸다는 남편 유정기의 주장이 소문으로 퍼지면서 신태영은 패악한 짓을 한 여성으로 기정사실화되었다. 또한 논의에 참여한 관원들은 신태영이 이러한 행위를 했다면 어떠한 맥락이나 배경에서 그러했는지에 대해서는 아예 고려 대상으로 삼지 않았다. 이들은 신태영이 처로서의 도리를 지키지 않고 '패악한' 행위를 했는지, 혹은 했다는 점에만 관심을 기울였다. 처의 행위가 상황이나 맥락에 대한 고려 없이 지배층이 만든 사회적 기준의 잣대로만 진단되고 평가되었던 것이다.

또한 조선 전기에 비해 '패악한 행위'를 한 처의 책임이 커졌다는 사실도 드러난다. 남편에게 이혼의 책임을 크게 물었던 조선 전기와는 달라진 모습이었다. 남편이나 시부모에게 불순한 패악한 여성이라는 남편 측 주장이 조선 전기에는 처를 버리기 위한 핑계로 받아들여지는 경우가 많았던 데 비해 숙종 대 유정기의 이이 청원 사안에 대해 논의했던 관원들은 신태영이 패악한 행위를 한 것으로 전제했다. 조선 전기에는 기처 사유를 뒷받침하는 명확한 증거가 없다면 처를 버린 남편을 처벌해야 한다는 입장을 취했던 사헌부에서는 유정기의 청원 내용만을 가지고 패악한 행위를 한 처와 이이시켜야 한다고 주장했다. 최종 판결에서도 처의 행동에 대한 증거가 확보되지도 않았는데 공초 내의 남편에 대한 언사를 빌미 삼아 평상시의 행동을 추론하여 조율하고 가중처벌하기까지 했다. 유정기의 이이 청원을 처리하던 18세기 초반에는 남편에 대한 처의 도리가 더 이상 집안일이 아닌 윤상을 부지하기 위해 공적으로 징계해야 할 사안이 되어 버린 것이다.

　처의 도리를 지키지 않았다고 지목된 여성에 대한 매도는 국가 차원에서뿐만 아니라 사회적 차원에서도 이루어졌다. 처의 악행에 대한 남편 측의 주장이 지배층 사이에 퍼지고 소송의 대상이 되었다는 사실만으로 신태영은 악처가 되어 갔다. 평생을 벼슬길에 나아가지 않고 향촌에 은거했던 성호 이익도 그의 저서 『성호사설』에서 이 사안에 대해 처가 성품이 패려하고 부부의 예가 없었는데도 이혼을 허락하지 않았다고 하며, 이혼을 허락하지 않는 정책을 비판하는 사례로 삼았다.[170] 유정기가 1712년(숙종 38) 가을 다시 이이를 허락해 달라고 상언한 후 사망했을 때 이미 한 번 판결이 이루어져 부부가 모두 처벌된 사안인데다 당사자가 사망했음에도 불구하고 사헌부에서는 일이 윤강倫綱에 관계된다며 대신과 유신들에게 널리 묻자고 했다. 처의 도리를 지키지 않는 '패악한 처'는 이이시켜야 한다는 인식을 표출한 것이다. 여성이 이혼을 요구할 수도 없고, 양반층 여성은 이혼을 당했다 하더라도 재가할 수도 없는 상황에서 윤상을 부지하기 위해 남편이 패악한 처를 버릴 수 있어야 한다는 논리가 대두되고 있었던 것이다. 병자 호란 직후에 청에서 돌아온 처와 이이시켜 달라는 청원에 대한 논의에서 부부 양쪽 다 홀로되어 원망하게 하는 것보다 이이를 원하는 자에게 이를 허락하여 한쪽이라도 다시 혼인할 수 있게 하자고 했던 의견이 상기된다.

기처를 규제하고 이이 청원을 허락하지 않음으로써 이혼을 극도로 제한했던 조선 정부의 정책은 표면적으로는 부부 관계를 안정시킬 수 있었지만 실제로 부부의 정의情誼를 지키게 하지는 못했다. 조선 후기 처의 도리를 지키지 않는 '패악한 행위'를 한 처와의 이이는 허락해야 한다는 논리의 대두는 명분상으로는 처의 도리를 지키지 않는 처를 버릴 수 있게 함으로써 윤상을 부지하기 위한 것이라고 하지만 실제로는 이혼을 규제한 정부 정책이 그들의 삶을 피폐하게 만들고 있었다는 반증이기도 하다. 이 주장은 결국 남편에게 처를 버릴 수 있는 권한을 확대해야 한다는 주장이었다. 그런데 이 주장 역시 윤상을 더욱 굳건히 세워야 한다는 명분하에 이루어진 것으로 규제의 배경이 된 사회 구조는 오히려 더 공고히 하면서 처에게 더한 부담을 지우는 방향으로 이루어졌다는 것이 조선 사회의 한계이기도 하다.

1 『삼국사기』권13, 고구려본기1, 시조 동명성왕.

2 『삼국사기』권46, 열전6, 강수.

3 『宣和奉使高麗圖經』권19, 民庶.

4 이 자료는 '문숙자,「다섯 妻를 둔 良人 朴義萱의 재산상속문제」,『문헌과 해석』통권 7호, 문헌과 해석사, 1999, 65-74쪽'에서 처음 소개되었고, 이를 참조했다.

5 「1602년 박의훤 허여 문기」,『고문서집성 3 — 해남 윤씨편』, 한국정신문화연구원, 1986, 영인본 133쪽, 정서본 207-208쪽.

6 "聘則爲妻 奔則爲妾",『예기』,「內則」.

7 "男子親迎 男先於女 剛柔之義也 天先乎地 君先乎臣 其義一也",『예기』,「郊特生」.

8 『태종실록』권14, 태종 7년 7월 13일 갑자.

9 『태종실록』권28, 태종 14년 12월 22일 신묘.

10 『태종실록』권29, 태종 15년 정월 15일 갑인.

11 같은 곳.

12 『율곡전서』권35, 부록3, 행장(문인김장생찬);『선조수정실록』권3, 선조 2년 6월 1일 계유.

13 『율곡전서』권14, 제문, 祭外祖母李氏文.

14 『세종실록』권28, 세종 7년 5월 12일 신사.

15 『세종실록』권64, 세종 16년 4월 12일 기미.

16 『세종실록』권50, 세종 12년 12월 22일 무자.

17 『세종실록』권36, 세종 9년 4월 26일 갑신;『세종실록』권46, 세종 11년 10월 18일 신묘.

18 『세종실록』권50, 세종 12년 12월 22일 무자;『세종실록』권64, 세종 16년 4월 12일 기미.

19 『세종실록』권64, 세종 16년 4월 17일 갑자.

20 『세종실록』권67, 세종 17년 정월 23일 을미;『세종실록』권67, 세종 17년 2월 29일 신미.

21 『세종실록』권133, 오례, 嘉禮儀式, 왕자혼례; 왕녀하가의; 종친급문무관일품이하혼례.

22 『세종실록』권67, 세종 17년 3월 4일 병자.

23 『태조실록』 권1, 태조 원년 7월 28일 정미.

24 『경국대전』 권3, 예전, 獎勸.

25 『동국신속삼강행실도』 10책, 열녀도 권1, 士人金問妻許氏.

26 『세종실록』 권7, 세종 2년 정월 21일 경신.

27 『숙종실록』 권53, 숙종 39년 4월 13일 경신.

28 『ㅈㄱ록』, 172-173면.

29 『ㅈㄱ록』, 141-142면.

30 『ㅈㄱ록』, 158-159면.

31 『ㅈㄱ록』에 대한 내용은 '박경, 「《자긔록》을 통해 본 조선 후기 열부관과 여성의 대응」, 『여성과 역사』 19, 한국여성사학회, 2013, 229-261쪽'을 참조했다.

32 『태종실록』 권11, 태종 6년 6월 9일 정묘.

33 『성종실록』 권82, 성종 8년 7월 17일 임오.

34 같은 곳.

35 『성종실록』 권82, 성종 8년 7월 18일 계미.

36 『경국대전』 권1, 이전, 京官職.

37 『태종실록』 권25, 태종 13년 3월 10일 기축.

38 『세종실록』 권88, 세종 22년 정월 14일 정사.

39 『경국대전』 권3, 예전, 婚嫁.

40 『성종실록』 권5, 성종 5년 4월 28일 임오.

41 『대명률』 권6, 호율, 혼인, 出妻.

42 『세종실록』 권22, 세종 5년 11월 1일 무인.

43 『세종실록』 권33, 세종 8년 9월 11일 신축.

44 『세조실록』 권3, 세조 2년 정월 11일 신사.

45 『세조실록』 권30, 세조 9년 4월 25일 갑신.

46 『세조실록』 권30, 세조 9년 6월 7일 을축.

47 김응원 수표에는 '광서 6년 경진'이라고 기재되어 있어 1880년(고종 17)에 작성된 문서임을 알 수 있으나 최덕현 수기는 '을유년'이라고 간지만 기재되어 있다. 실제 이 문서의 원본을 확인하고 처음으로 소개한 전경목 교수는 문서 작성 연대를 1825년(순조 25)이나 1885년(고종 22)일 것으로 추정했다.(전경목, 『고문서, 조선의 역사를 말하다』, 휴머니스트, 2013.)

48 『대명률』 권6, 호율, 혼인, 출처.

49 『세조실록』 권7, 세조 3년 3월 26일 기축.

50 『성종실록』 권5, 성종 원년 5월 5일 임오;『성종실록』 권7, 성종 원년 8월 3일 무신.

51 『세종실록』 권80, 세종 20년 정월 21일 병오.

52 기처 방식에 대한 내용은 '박경,「조선 전기 棄妻 규제 정책의 영향과 한계」,『사학연구』 98, 2010, 195-226쪽'을 참조했다.

53 『미암일기』에 드러난 유희춘, 송덕봉의 부부 관계에 대해서는 '박경,「16세기 조선의 여성 지식인, 송덕봉」,『여성의 역사를 찾아서』, 나남, 2012.'의 내용을 참조했다.

54 『미암일기』 부록.

55 『미암일기』 무진(1568) 4월 22일.

56 『미암일기』 계유(1573) 12월 13일.

57 『미암일기』 경오(1570) 12월 11일; 계유(1573) 6월 6일.

58 『미암일기』 기사(1569) 7월 28일; 계유(1573) 9월 28일; 11월 23일; 갑술(1574) 5월 16일; 5월 20일.

59 『미암일기』 병자(1576) 정월 19일.

60 『미암일기』 갑술(1574) 3월 27일.

61 『미암일기』 갑술(1574) 5월 1일.

62 『미암일기』 병자(1576) 11월 11일.

63 『미암일기』 기사(1569) 9월 1일; 2일.

64 『미암일기』 임신(1572) 11월 11일.

65 『예종실록』 권3, 예종 원년 2월 26일 신해.

66 『성종실록』 권240, 성종 21년 5월 27일 무인.

67 『성종실록』 권241, 성종 21년 6월 15일 병신.

68 『성종실록』 권241, 성종 21년 6월 15일 병신.

69 『성종실록』 권246, 성종 21년 10월 12일 경신.

70 『성종실록』 권247, 성종 21년 11월 4일 임오.

71 부처간의 폭행에 대한 『대명률』 규정의 정리와 분석에 대해서는 '박경,「刑政 운용을 통해 본 조선 전기의 가족 정책 ―夫妻간의 폭력에 대한 처벌실태 분석을 중심으로」,『사학연구』 90, 한국사학회, 2008, 67-100쪽'을 참조했다.

72 5형에서 사형은 교형과 참형으로 나뉘며, 참형이 더 무거운 처벌이었다. 능지처사는

5형에 포함되지 않았던 형벌로 특수한 경우에만 부과되었다. 실제로 모반(謀反), 모대역(謀大逆)과 같이 국가 전복이나 국가 정체성을 위태롭게 하기를 꾀한 자와 노비가 주인을 살해하거나 자식이 부모를 살해하는 등 가장 극악한 범죄로 간주되었던 범죄에 적용되던 형벌이었다.

73 『대명률』 권22, 형률, 소송, 간명범의.

74 『경국대전』 권5, 형전, 고존장.

75 『태종실록』 권23, 태종 12년 6월 26일 기묘.

76 『세조실록』 권23, 세조 7년 정월 3일 갑진.

77 『세종실록』 권144, 세종 28년 10월 24일 무오; 『세조실록』 권1, 세조 원년 7월 22일 을미.

78 『세조실록』 권8, 세조 3년 8월 14일 을사.

79 『대명률』 권6, 호율, 혼인, 출처.

80 『대명률강해』 권6, 호율, 혼인, 출처.

81 김두헌, 『韓國家族制度研究』, 서울대학교출판부, 1969, 496-497쪽; 장병인, 「조선시대 이혼에 대한 규제와 그 실상」, 『민속학연구』 6, 1999, 49-55쪽; 박경, 「조선전기 妻妾秩序 확립에 대한 고찰」, 『이화사학연구』 27, 2000, 188-190쪽 참조.

82 『태조실록』 권7, 태조 4년 6월 28일 경인.

83 『태종실록』 권12, 태종 6년 12월 19일 갑진.

84 『세종실록』 권10, 세종 2년 11월 5일 기사.

85 『태종실록』 권26, 태종 13년 7월 12일 기축.

86 『세종실록』 권110, 세종 27년 10월 9일 경술.

87 『세종실록』 권37, 세종 9년 9월 16일 신축.

88 『세종실록』 권40, 세종 10년 윤4월 1일 임오.

89 『연산군일기』 권38, 연산군 6년 6월 18일 경자; 『중종실록』 권16, 중종 7년 9월 4일 을해.

90 『대전후속록』 권5, 형전, 금제.

91 『세종실록』 권42, 세종 10년 10월 3일 신사.

92 『세종실록』 권49, 세종 12년 7월 22일 경신.

93 『세종실록』 권32, 세종 8년 6월 6일 무진.

94 『성종실록』 권7, 성종 원년 8월 3일 무신.

95 『성종실록』 권5, 성종 원년 5월 5일 임오.

96 『성종실록』 권7, 성종 원년 8월 3일 무신.

97 『성종실록』 권9, 성종 2년 2월 8일 신해; 『성종실록』 권9, 성종 2년 3월 24일 정유.

98 『성종실록』 권45, 성종 5년 7월 21일 갑술.

99 『성종실록』 권132, 성종 12년 8월 12일 갑인.

100 『세조실록』 권30, 세조 9년 4월 18일 정축; 『세조실록』 권30, 세조 9년 4월 19일 무인; 『세조실록』 권30, 세조 9년 4월 20일 기묘

101 『성종실록』 권66, 성종 7년 4월 4일 정축; 『성종실록』 권66, 성종 7년 4월 5일 무인.

102 『성종실록』 권66, 성종 7년 4월 5일 무인.

103 『성종실록』 권66, 성종 7년 4월 4일 정축; 『성종실록』 권66, 성종 7년 4월 7일 경진.

104 『성종실록』 권66, 성종 7년 4월 8일 기유.

105 정재륜, 『公私見聞』 1책[(고려대학교 해외한국학자료센터(http://kostma.korea.ac.kr)]; 이긍익, 『연려실기술』 권17, 선조조 고사본말, 亂中時事撼錄.

106 『인조실록』 권36, 인조 16년 3월 11일 갑술.

107 『인조실록』 권36, 인조 16년 3월 11일 갑술.

108 『경국대전』 권1, 이전, 경관직.

109 『인조실록』 권36, 인조 16년 5월 1일 계해; 『인조실록』 권36, 인조 16년 5월 21일 계미; 『인조실록』 권36, 인조 16년 6월 13일 갑진.

110 『인조실록』 권36, 인조 16년 5월 1일 계해.

111 『인조실록』 권36, 인조 16년 6월 13일 갑진.

112 『인조실록』 권36, 인조 16년 6월 13일 갑진.

113 『숙종실록』 권40, 숙종 30년 9월 25일 임술; 『승정원일기』 420책(탈초본 22책), 숙종 30년 9월 25일 임술.

114 『인조실록』 권41, 인조 18년 9월 22일 경자.

115 『현종실록』 권14, 현종 8년 7월 6일 무신.

116 『현종실록』 권14, 현종 8년 7월 15일 정사; 『현종개수실록』 권17, 현종 8년 7월 15일 정사.

117 『대명률』 권18, 형률, 적도(賊盜), 모반대역(謀反大逆).

118 『세종실록』 권2, 세종 즉위년 11월 26일 임신.

119 『세종실록』 권87, 세종 21년 10월 14일 기축; 『세종실록』 권87, 세종 21년 10월 20일 을미; 『세종실록』 권87, 세종 21년 11월 22일 병인.

120 『중종실록』 권1, 중종 원년 9월 25일 신축.

121 『중종실록』 권7, 중종 3년 10월 7일 신미.

122 『연려실기술』 권38, 별집 권12, 정교전고(政敎典故), 혼례.

123 『인조실록』 권19, 인조 6년 10월 25일 임자.

124 『인조실록』 권19, 인조 6년 11월 8일 을축.

125 『인조실록』 권19, 인조 6년 11월 20일 정축.

126 『인조실록』 권36, 인조 16년 6월 13일 갑진.

127 『효종실록』 권19, 효종 8년 10월 29일 무술.

128 『승정원일기』 428책(탈초본 23책), 숙종 30년 9월 24일

129 『숙종실록』 권51, 숙종 38년 4월 2일 갑인.

130 『숙종실록』 권23, 숙종 17년 8월 14일 병신.

131 『숙종실록』 권51, 숙종 38년 4월 2일 갑인.

132 『속대전』 2책, 예전, 婚嫁.

133 『의조별등록』(奎12922의 2), 88b면

134 이 사건의 전개 과정에 대한 서술은 '박경,「조선 후기 이혼 소송과 판결의 특징 ―18세기 유정기의 이이(離異) 청원 사례를 중심으로―」, 『법사학연구』 67, 한국법사학회, 2013', '강명관, 『신태영의 이혼 소송 1704~1713』, 휴머니스트, 2016'도 함께 참조했다.

135 『장암선생집』 권13, 묘지명, 고 판관 유공 묘지명(故判官兪公墓誌銘)(『한국문집총간』 157, 〈정호, 『장암집』〉, 민족문화추진회, 1995)

136 『숙종실록』 권40, 숙종 30년 9월 24일 신유; 『승정원일기』 420책(탈초본 22책), 숙종 30년 9월 24일 신유; 『숙종실록』 권40, 숙종 30년 9월 25일 임술; 『승정원일기』 420책(탈초본 22책), 숙종 30년 9월 25일 임술.

137 『숙종실록』 권40, 숙종 30년 9월 24일 신유; 『승정원일기』 420책(탈초본 22책), 숙종 30년 9월 24일 신유.

138 임방, 『수촌집』 권4, 시 (『한국문집총간』 149, 민족문화추진회, 1995.)

139 『숙종실록』 권40, 숙종 30년 9월 25일 임술; 『승정원일기』 420책(탈초본 22책), 숙종 30년 9월 25일 임술.

140 『승정원일기』 420책(탈초본 22책), 숙종 30년 9월 26일 계해.

141 『숙종실록』 권40, 숙종 30년 9월 29일 병인; 『승정원일기』 420책(탈초본 22책), 숙종 30년 9월 29일 병인.

142 『숙종실록』 권40, 숙종 30년 10월 9일 병자; 『승정원일기』 421책(탈초본 22책), 숙종 30년

10월 9일 병자; 『승정원일기』 421책(탈초본 22책), 숙종 30년 10월 10일 정축.

143 『숙종실록』 권40, 숙종 30년 11월 14일 경술.

144 『승정원일기』 421책(탈초본 22책), 숙종 30년 10월 19일 병술; 『승정원일기』 421책(탈초본 22책), 숙종 30년 10월 28일 을미.

145 『승정원일기』 421책(탈초본 22책), 숙종 30년 11월 5일 신축.

146 『숙종실록』 권40, 숙종 30년 11월 14일 경술.

147 『승정원일기』 421책(탈초본 22책), 숙종 30년 11월 5일 신축.

148 『승정원일기』 421책(탈초본 22책), 숙종 30년 11월 9일 을사.

149 『숙종실록』 권40, 숙종 30년 11월 14일 경술.

150 『승정원일기』 421책(탈초본 22책), 숙종 30년 11월 5일 신축; 『숙종실록』 권40, 숙종 30년 11월 14일 경술.

151 『숙종실록』 권40, 숙종 30년 11월 14일 경술.

152 『숙종실록』 권40, 숙종 30년 11월 14일 경술.

153 『승정원일기』 423책(탈초본 22책), 숙종 31년 3월 11일 을사; 『승정원일기』 424책(탈초본 22책), 숙종 31년 윤4월 14일 정미.

154 『승정원일기』 425책(탈초본 22책), 숙종 31년 6월 8일 경자; 『승정원일기』 425책(탈초본 22책), 숙종 31년 6월 12일 갑진.

155 『승정원일기』 426책(탈초본 22책), 숙종 31년 9월 29일 경인.

156 『승정원일기』 427책(탈초본 23책), 숙종 31년 11월 25일 을유.

157 같은 곳.

158 『숙종실록』 권42, 숙종 31년 9월 12일 계유.

159 『대명률』 권21, 형률, 罵詈, 妻妾罵夫期親尊長.

160 『승정원일기』 428책(탈초본 23책), 숙종 32년 2월 27일 병진.

161 『전율통보』 권5, 형전, 罵詈.

162 『승정원일기』 429책(탈초본 23책), 숙종 32년 4월 17일 갑진; 『숙종실록』 권43, 숙종 32년 4월 16일 계묘.

163 『승정원일기』 429책(탈초본 23책), 숙종 32년 4월 19일 병오.

164 『승정원일기』 454책(탈초본 24책), 숙종 36년 6월 7일 신축.

165 『승정원일기』 432책(탈초본 23책), 숙종 32년 9월 9일 갑자.

166 『숙종실록』 권53, 숙종 39년 정월 25일 계묘; 『승정원일기』 475책(탈초본 25책), 숙종

39년 정월 25일 계묘.

167 『숙종실록』 권53, 숙종 39년 4월 27일 갑술.

168 『숙종실록』 권53, 숙종 39년 5월 14일 경인; 『숙종실록』 권53, 숙종 39년 5월 18일 갑
　　 오; 『숙종실록』 권53, 숙종 39년 5월 21일 정유; 『숙종실록』 권53, 숙종 39년 5월 26일
　　 임인.

169 『태종실록』 권23, 태종 12년 6월 25일 기묘.

170 이익, 『성호사설』 권15, 人事門, 이혼.

참고문헌

『삼국사기』

『宣和奉使高麗圖經』

『예기』

『경국대전』, 『속대전』, 『전율통보』

『대명률』

『태조실록』, 『태종실록』, 『세종실록』, 『세조실록』, 『예종실록』, 『성종실록』,
　　　『중종실록』, 『인조실록』, 『효종실록』, 『현종실록』, 『현종개수실록』,
　　　『숙종실록』(http:// sillok.history.go.kr)

『승정원일기』(https://sjw.history.go.kr)

『동국신속삼강행실도』(奎1832-v.1-180)

『儀曹別謄錄』(奎12922의2)

『忠孝謄錄』(奎12889-v.1-7)

『고문서집성 3 ― 해남 윤씨편』, 한국정신문화연구원, 1986.

유희춘, 『미암일기』

이긍익, 『연려실기술』

이이, 『율곡전서』

이익, 『성호사설』

정재륜, 『公私見聞』1책 『고려대학교 해외한국학자료센터』(http://kostma.ko-
　　　rea.ac.kr)

풍양 조씨, 『쟈긔록』

『한국문집총간』 149 (임방, 『수촌집』 / 이기홍, 『직재집』), 민족문화추진회, 1995.

『한국문집총간』 157 (정호, 『장암집』), 민족문화추진회, 1995.

강명관, 『신태영의 이혼 소송 1704~1713』, 휴머니스트, 2016.

김두헌, 『韓國家族制度硏究』, 서울대학교출판부, 1969.

문숙자, 「다섯 妻를 둔 良人 朴義萱의 재산상속문제」, 『문헌과 해석』 통권 7호, 문헌과 해석사, 1999.

박경, 「《자규록》을 통해 본 조선 후기 열부관과 여성의 대응」, 『여성과 역사』 19, 한국여성사학회, 2013.

____, 「조선 전기 棄妻 규제 정책의 영향과 한계」, 『사학연구』 98, 한국사학회, 2010.

____, 「조선 전기 妻妾秩序 확립에 대한 고찰」, 『이화사학연구』 27, 이화여자대학교 이화사학연구소, 2000.

____, 「조선 후기 이혼 소송과 판결의 특징 —18세기 유정기의 이이(離異) 청원 사례를 중심으로—」, 『법사학연구』 67, 한국법사학회, 2013.

____, 「刑政 운용을 통해 본 조선 전기의 가족 정책 —夫妻간의 폭력에 대한 처벌실태 분석을 중심으로」, 『사학연구』 90, 한국사학회, 2008,

____, 「16세기 조선의 여성 지식인, 송덕봉」, 『여성의 역사를 찾아서』, 파주: 나남, 2012.

박주, 「병자호란과 이혼」, 『조선사연구』 10, 조선사연구회, 2001.

장병인, 『법과 풍속으로 본 조선 여성의 삶 — 혼인·이혼·간통·성폭행으로 읽는 조선시대 여성사』, 휴머니스트, 2018.

_____, 「조선시대 이혼에 대한 규제와 그 실상」, 『민속학연구』 6, 국립민속박물관, 1999.

_____, 『조선전기 혼인제와 성차별』, 일지사, 1997.

전경목, 『고문서, 조선의 역사를 말하다』, 휴머니스트, 2013.

정해은, 「조선후기 이혼의 실상과 《대명률》의 적용」, 『역사와 현실』 75, 한
국역사연구회, 2010.